中国工会工作品牌丛书

职工之家

WORKERS' HOME

张未已◎编著

中国工人出版社

打造工会品牌　服务职工群众

品牌，是被社会普遍认同、有代表意义和影响力的产品。工会工作品牌，是体现工会组织特点、被职工群众广泛接受、社会认可度高、成效显著的工作项目。改革开放以来，各级工会组织在党的领导下，以服务职工为己任，锐意创新，不懈努力，逐步形成了一批党政认同、社会关注、职工群众欢迎的工会工作品牌。

创始于1992年的“送温暖工程”，从以下岗困难职工为主要对象的“两节”慰问走访的“进万家门、知万家情、解万家难、暖万家心”活动，发展到凸显“制度保障”作用，将党和政府保障民生的政策资源系统集成的“送温暖工程”。各级工会组织不断加大送温暖资金投入的力度，惠及广大职工群众，成为工会服务职工群众的一道亮丽风景线。

从1985年起，中华全国总工会启动“五一劳动奖状奖章”（2016年统称为“五一劳动奖”）的评选表彰。其中，五一劳动奖状授予在我国境内依法注册或登记的非跨地区的企业、事业、机关、社会组织和其他组织以及驻外机构，五一劳动奖章授予中国籍员工。“五一劳动奖”是中国工人阶级最高奖项之一，是每一个劳动者、劳动团体的光荣与梦想。

从2015年“五一”国际劳动节开始，中华全国总工会联合主要新闻媒体陆续推出一批我国广大一线技术工人的杰出代表，采取有力措施叫响做实“大国工匠”品牌，唱响了以劳动托起中国梦的时代赞歌。各级工会充分发挥“大国工匠”的示范带动作用，推动建设我国高素质职工队伍，造就出更多的“大国工匠”。

自2007年起，中华全国总工会开始部署创建工人先锋号活动，2008年命名首批全国“工人先锋号”。今天，这一彰显“一流工作、一流服务、一流业绩、一流团队”的荣誉称号，已经成为班组建设的助推器、培育高素质技工的学校和劳动竞赛活动的重要品牌。

2007年10月9日，中华全国总工会下发《“职工书屋”建设实施意见》，一项惠及广大职工群众的公益文化工程就此拉开序幕。历经15年发展，职工书屋（电子职工书屋）已经成为工会服务职工的文化工作品牌，成为广大职工群众读书学习的精神家园。

1983年，中共中央书记处作出了要把工会组织建成职工之家的重要指示。1984年，中华全国总工会在基层广泛深入开展建设职工之家活动。今天，职工之家成为充分发挥广大职工积极性主动性创造性的重要途径，成为职工群众喜爱的家的港湾。

新时代特别是中国工会十七大以来，各级工会以习近平新时代中国特色社会主义思想为指导，贯彻落实习近平总书记关于工人阶级和工会工作的重要论述，以忠诚党的事业、竭诚服务职工为己任，围绕中心、服务大局，守正创新、勇毅前行，助推新时代工会工作创新发展，也为工会优势服务品牌注入了新的内涵。

践行新时代新要求，面对各级工会持续深化改革创新的生动实践，中国工人出版社启动“中国工会工作品牌丛书”修订工作，着重梳理“送温暖工程”、“五一劳动奖”、“大国工匠”、“工人先锋号”、“职工书屋”和“职工之家”等工会工作品牌在新时代的发展创新，为促进工会高质量发展聚力赋能。本丛书聚焦各级工会立足新时代中国特色社会主义新方位、全面深化改革新阶段，团结动员广大职工为推进中国式现代化建功立业的扎实作为，生动展现了工会组织按照党中央关于群团改革的新部署新要求，不断增强政治性、先进性、群众性，最广泛最紧密地把职工群众团结在党的周围，奋力谱写新时代工运事业和工会工作新篇章。

改革创新是时代发展的最强音，也是工运事业蓬勃发展的不竭动力。随着工会工作的不断推进，传统的工会品牌工作被赋予新的内涵，新时期工会改革创新成果正不断涌现，我们将及时进行总结，以更好地反映和展示工会工作品牌建设的最新成果。

CONTENTS / 目 录

第五章 不忘初心

大事记

引 言

2018年10月29日，北京，中南海，中共中央总书记、国家主席、中央军委主席习近平同全国总工会新一届领导班子集体谈话时深情地叮嘱，要加强对工会干部的教育、管理、监督，完善联系职工群众的制度机制，深入基层一线，加强调查研究，坚决防止“四风”特别是形式主义、官僚主义，让职工群众真正感受到工会是职工之家，工会干部是最可信赖的“娘家人”、贴心人。

全国人大常委会副委员长、中华全国总工会主席王东明高度重视职工之家建设，多次要求各级工会组织都应当成为名副其实的职工之家，所有工会干部都要努力当好职工群众的“娘家人”、贴心人。中华全国总工会党组书记、副主席、书记处第一书记徐留平多次强调，要切实维护和发展工人阶级根本利益，坚持以职工为中心的工作导向，履行工会维权服务基本职责，构建起联系广泛、服务职工的工会工作体系，让职工群众真正感受到工会是职工之家，工会干部是最可信赖的“娘家人”、贴心人。

职工之家，一个多么温暖、和谐的称号，它是基层工会形象的生动表达，是基层工会工作的综合性载体，也是加强基层工会建设的重要手段。

时光回到40年前的那个春天，1983年3月14日，中央书记处在听取全国总工会党组工会工作汇报时明确指出，工会一定要从自己是党领导下的群众组织这个特点出发开展工作，工会组织和工会干部要真正成为职工之家“工人之友”。为贯彻落实党中央的重要指示精神，全国总工会提出要把基层工会组织建设摆到一个突出的位置，作出了《关于整顿工会基层组织，开展建设职工之家活动的决定》，拉开了在全国基层工会组织普遍开展建设职工之家活动的序幕。

40年来，在各级工会组织、广大工会干部的共同努力下，建设职工之家活动历经组织整顿、深入推进、提高水平、创新发展、全面深化，走得蹄疾步稳，受到亿万职工的认同。当嘀嗒的时钟走过一个又一个春夏秋冬，蓦然回首，建设职工之家活动已成为提升工会组织整体实力的有效举措，职工之家已成为基层工会工作具有重大影响力的响亮品牌。

这个品牌，承载着中国工会的历史荣光，体现了基层工会工作的丰硕成果，凝结着各级工会组织及广大工会干部的心血和汗水。

这个品牌，虽不奢华闪耀，但温馨和睦、慰人心灵。

职工之家是亿万职工的美丽家园，像一盏灯、一缕氤氲、一方晴空，拥载着多少梦想和希望。

让我们满怀对职工群众的深厚感情，以及对老一辈工会工作者的感恩和崇敬，回顾建设职工之家活动所走过的历程。

第一章

小荷露尖

任何事物的发展都是特定历史阶段的产物，同时推动历史的车轮滚滚向前，建设职工之家活动也不例外。

1983 年 3 月 14 日，中央书记处作出指示，工会一定要从自己是党领导下的群众组织这个特点出发开展工作，工会组织和工会干部要真正成为职工之家“工人之友”。1984 年 5 月 1 日，全国总工会作出决定，要用三年左右的时间，有计划、有步骤地对全国 40 多万个基层工会普遍进行一次整顿，把工会组织逐步建设成为名副其实的职工之家。

从 1984 年到 1988 年，建设职工之家活动小荷露尖，进入组织整顿阶段。这一阶段，整顿工会基层组织，解决“有相当数量的基层工会组织不够健全、工作不够活跃、联系群众不够密切”的问题，按照同级副职配备企业工会主席，建立各项工作制度，兴建一批职工文化体育活动阵地，建立工会积极分子队伍，在解决职工生活方面做了许多好事实事。

孕　育

建设职工之家的历史，从胚芽孕育之初，就深深地融入党和国家工作大局和工会工作全局，直面并解决工会组织整顿中存在的问题。

“忆往昔峥嵘岁月稠”。让我们将历史的年轮拨回到20世纪70年代末80年代初。

当时，“文化大革命”刚刚结束不久，百废待兴。而工会是“文化大革命”的重灾区，受干扰破坏十分严重，工会组织在此期间被迫停止活动。

1977年8月，中国共产党第十一次全国代表大会召开，特别强调要加强党对工会、共青团、妇联等群众组织的领导，把这些组织整顿好、建设好，充分发挥它们应有的作用。

1978年4月22日至24日，全国总工会在北京召开了第八届第七次执委扩大会议，这是全国总工会停止活动长达11年之后召开的第一次执委会议，作为全国工会组织的最高领导机关的活动正式恢复。

1978 年 12 月，党的十一届三中全会召开。这是中国共产党历史上又一次具有深远意义的伟大转折。这次全会集中精力，认真纠正“两个凡是”的错误方针，从根本上冲破了长期以来“左”的思想的严重束缚，结束了粉碎“四人帮”以后各项工作在徘徊中前进的局面，确定了全党全军全国各族人民同心同德、一心一意搞“四化”建设的政治路线，从而实现了党和国家工作重心的重大战略转变。

1978 年 10 月，中国工会第九次全国代表大会在北京举行。这是在党和国家及中国工人运动和工会工作行将发生历史性转折的关键时刻召开的一次重要会议，也是自 1957 年 12 月中国工会第八次全国代表大会召开后，时隔 21 年首次召开的工会全国代表大会。邓小平同志代表中共中央、国务院向中国工会九大致辞，在深刻总结新中国成立以来中国工人运动和工会工作的基础上，正确阐明了新时期中国工人运动和工会工作发展的客观规律和前进方向。“无论要做好哪一项工作，工会都必须密切联系群众，使广大工人感到工会确实是工人自己的组织，是工人信得过的、能替工人说话、为工人办事的组织，是不会对工人说瞎话、拿工会的会费当官做老爷、替少数人谋私利的组织。”这一重要论断发人深省。

以中共十一届三中全会和中国工会九大为标志，中国社会主义建设和工人运动开始进入改革开放新时期。

中国工会九大以后，在中共十一届三中全会精神指引下，经过拨乱反正，清除“左”的思想影响，工人运动和工会工作的发展方向、目标和当前的中心任务更加明确。在短短的两三年时间里，从恢复和健全工会组织领导体系开始，整顿和加强了工会各级组织，建立健全了工会的各项规章制度，恢复了工会的各项活动，使工人运动和工会工作在恢复整顿中走向全面复兴，基层工会自身建设也得到了不断加强。

到 1983 年，工会组织整体上得到了有效恢复，全国基层工会组织达 44.7 万个，比 1979 年增加 11.8 万个，增长 35.9%；建立工会组织单位的职工有 8845.7 万人，工会会员为 7693.4 万人，组织覆盖面为 87%，比 1979 年增长 12.4%；

专职工会工作者 32.8 万人，比 1979 年增加 10.7 万人。同时，涌现出一大批先进工会组织和优秀工会工作者，比如江苏戚墅堰机车车辆工厂工会、北京外文印刷厂工会、上海市纺织局工会，以及辽宁锦西化工研究院工会副主席聂荣本、吉林省四平市彩印厂工会副主席李彦，等等。

但是，由于还没有来得及集中精力抓工会建设，长期以来“四人帮”给工会造成的破坏，不少方面还没有完全恢复。在当时，相当数量工会组织不健全、工作不活跃、联系群众不密切，无论是班子和干部的素质方面，还是组织体制、工作秩序、业务制度、班组建设、工作方法和工作作风等方面，还存在不少问题。有的工会干部缺乏改革创新精神，忽视了工人阶级群众组织的特点，不同程度地存在脱离群众的现象，工作打不开局面。

据当时阜新市总工会统计，在基层工会中，工作比较好的约占 15%，中间状态的约占 55%，作用不大的约占 20%，不起作用的约占 10%。由此可见，加强工会自身建设必须提上日程。从工会各级领导机关到工会基层组织，都要抓自身建设，但最关键、最重要的，还是抓好基层工会的整顿和建设。

党中央充分认识到工会组织需要进一步加强整顿和建设。1983 年 3 月 14 日，中央书记处第四十七次会议对工会问题作出重要指示：“工会的性质和任务应当是在党的领导下，代表工人阶级利益、为工人阶级办事的组织。”“今后工会工作一定要从自己是党领导下的群众组织这个特点出发，切切实实地为职工办事，办些具体的好事，把职工的积极性调动起来；一定要维护职工的具体利益，勇敢地扶植正气、压制邪气，在社会和国家生活中起积极作用；一定要面向工厂、面向工人，密切联系群众，反映职工的呼声和要求，真正成为职工之家‘工人之友’。”

中央书记处的重要指示精神，新的形势和新的任务，都要求把工会组织的整顿工作引向深入。这就急需一个综合性载体，把工会自身建设特别是基层工会组织的建设提升到一个更加突出的位置，通过进一步的整顿，把基层工会组织办成职工之家。

在这样的背景下，建设职工之家活动应运而生。

起 航

1984年初，全国总工会十届二次主席团会议提出，要搞些调查研究，提出整顿的方案，做好准备，争取下半年在全国铺开。

会后，全国总工会组织了70多人去辽宁锦州、吉林等地搞蹲点调查，认真总结了锦州市总工会加强自身建设、开展建设职工之家活动的成功经验。

锦州，是辽西走廊上的一颗明珠，也是建设职工之家活动的发源地。

“过去由于受‘左’的影响，工会不敢大胆地维护职工的合法权益，该替职工说的话没说，该为职工办的事没办，在一定程度上成了‘官办’组织，脱离了群众，这也是当前工会工作中存在的突出问题。”这是在1983年锦州市总工会工作会议上提出的当时存在的问题，也是具有普遍性的问题。

面对这一问题，锦州市总工会坚持改革创

新、开拓前进的精神，积极争取各级党组织的重视，取得行政和各个方面的支持和配合，制定明确的目标和要求，广泛开展工会组织之间的竞赛，在较短的时间内，在一个城市的范围内打开了新局面。

锦州市总工会开展了争当职工之家、争做“职工之友”的竞赛。第一阶段，评比优胜单位，对工会进行恢复性整顿；第二阶段，评比先进单位，对工会进行建设性整顿；第三阶段，努力使一部分基层工会达到优胜和先进水平，使大多数基层工会办成职工之家。

为了组织好“双争”竞赛，锦州市总工会明确规定了“定时定量”的指标，不同类型、不同规模的企业事业单位标准也不尽相同。“双争”竞赛以基层自检为主，对照标准，查漏补缺，积极整改。工会工作的好坏，要通过职工群众的检验，提请工会会员大会讨论通过。如此一来，职工群众越来越关心工会组织的建设，工会组织也自觉地置于职工群众的监督之下。

“双争”竞赛极大地激发了广大工会干部的积极性，各级工会组织、工会各部门，都有一股比着干、争上游的劲头，你追我赶，谁也不甘落后。

锦山机械厂在“双争”竞赛中，以两分之差没有被评上优胜单位，在全厂引起强烈反应。党政领导、职工群众都十分关注，纷纷到工会询问原因。厂党委认为，这不仅是工会的问题，也是党委工作的差距，要求工会找差距，迎头赶上。厂工会主席当众表示，再达不到先进标准，工会干部就集体辞职。厂工会连续召开会议，对照检查，变压力为动力。经过努力，1984 年 2 月，终于被评为先进工会。

“过去市工会干部很少到厂里来，来了就要材料，让人心里烦；现在市总工会干部经常来，面对面地指导工作，对我们帮助很大。”一位基层工会干部这样反映。这是锦州市总工会建立基层工会评议市总工会机关干部制度的成效。1983 年 9 月，锦州市总工会还邀请了 28 名党委书记、23 名厂长、158 名基层工会主席对市总工作和干部作风进行了评议。

锦州市总工会干部深入基层，深入职工群众，对职工的许多实际困难和新形势下产生的一些新问题，分别向锦州市委作了专题报告，使一些问题得到了很好的解决。比如，针对粉尘作业的五万名职工的安全生产和健康防护问题，由于市总的专题报告引起了各方面的重视，有关部门提取了安全生产措施费 26 万元，使监测工作和硅肺病防治工作得到普遍加强。

在“双争”活动中，涌现出大量的感人事迹。

锦西化工研究院工会副主席聂荣本，一心只为职工群众办事，一年 365 天都在为职工忙碌，从来没拿过加班费，从不领夜餐费，院里发的奖金他都拿出来帮助有困难的职工。职工自发编写了对口快板、数来宝、相声、歌曲等，称赞他的美德。聂荣本被职工亲切地称为“我们的贴心人”。

“真是非常感谢工会，帮企业渡过了难关。”锦州拉链总厂领导特地跑到锦州市总工会为厂工会请功。前两年由于市场发生削价竞争，锦州拉链总厂面临生死存亡的考验。厂工会组织职工代表和全厂职工，讨论企业发展前途问题，并开展以高产优质低耗为内容的红旗台机竞赛，全厂职工士气大振，干劲十足。锦州拉链总厂的销售利润率由 2.8%一举回升至 14.3%，勇闯难关，在市场上重新站稳了脚跟。

东电三公司主厂房工地夜间突击施工，行政指挥不在现场，主厂房 42 米高的抱杆顶直冒火星，半夜有人叫醒工会主席王德成，王德成冒着生命危险爬上抱杆检查，发现轮滑磨损严重，当机立断，停止施工，避免了重大伤亡事故的发生。

这一时期，锦州市总工会为职工扎扎实实地解决了各种实际问题，工会在职工心目中的形象、在社会上的地位悄然改变。锦西炼油厂工会主席尹生说得好："工会经常考虑和解决职工的需要和困难，职工才能想着国家。"锦州市计划经济委员会副主任姜万洲说："锦州工业生产取得令人满意的成绩，一个重要原因就是工会工作活跃，广大职工发扬了主人翁精神，这是锦州经济振兴的决定性因素。"

在总结基层工会工作经验的基础上，1984 年 5 月 1 日，全国总工会作出《关于整顿工会基层组织，开展建设职工之家活动的决定》，建设职工之家活动这艘巨轮正式起航了。

收　获

家，是社会构成的基本单元，在这里，成员之间具有最信任、最关爱、最无私、最温馨、最真挚的关系。基层工会干部与职工朝夕相处，工会理应成为职工最信任、最可靠、最依赖的组织。

1984 年 4 月 9 日，时任中华全国总工会副主席、书记处书记、党组副书记尉健行在全国工会组织工作会议上的讲话中指出：“职工之家这个称号，形象、生动地体现了中国工会的性质、宗旨，体现了职工群众与工会组织的血肉联系、亲密无间的关系，表达了职工群众对我们各级工会组织的依赖和要求。”因此，把职工之家作为工会自身建设的目标和要求，最形象，也最贴切。

整顿工会组织有了目标，有了要求，还必须有一定的标准。建设一个符合“四化”建设要求、密切联系群众的领导班子，教育和动员职工开展社会主义劳动竞赛，组织和动员职工学习政治、文化、科学技术和经营管理知识，推进企业事业单位民主管理，保障职工福利，不断完善工会民主生活和民主制度，等等。这些都是建设职工之家的标准。

各省（区、市）总工会，铁路、民航和直接领导基层工会的市（县）总工会和产业工会是责任主体，同时建立严格的考核验收制度。由基层工会自检自查，会员大会或者会员代表大会讨论后，才能申请上一级工会考核验收。符合标准的，由上一级工会宣布为职工之家，发给合格证。符合模范（优秀）标准的，上级工会予以表彰。这是建设职工之家活动的责任主体和具体步骤。

在整顿建家初期，国有企业占据了全国企业的半壁江山，一定程度上讲，国有企业工会工作水平决定了工会工作的整体水平。国有企业工会干部为职工操心办事，鞠躬尽瘁，成为名副其实的职工之友。

国营江北机械厂是万人大厂。党委认为工会是好参谋，行政说工会是好帮手，广大职工称赞工会是“一个能为职工排忧解难的职工之家”。

厂工会生活委员会主任蔡永昌，时刻关心着职工的衣食住行和生老病死，为职工做了大量的好事，被群众称为“我们的蔡劳保”和“贴心人”。

蔡永昌常说：“不要忘记咱是群众的公仆，要尽力为职工办事。”父母双亡、孤身一人的女工刘桂珍，得病后几次产生轻生的念头。蔡永昌当上劳保主任第一天，就去医院探望了她，对她说：“只要有党在，有工会组织在，就有人管你。工会就是你的家，工会干部就是你的亲人。”在治疗过程中，老蔡亲自带着刘桂珍去北京、长春跑了六家医院，上楼下楼都是亲自背着。在市肺结核病医院住院时，患者们还以为她是什么大干部的家属。她含着泪告诉他们：“你们猜错了。我是一个普普通通的工人，而且是个孤儿。经常背我的，是我们厂工会生活委员会主任。”十八个春秋过去了，刘桂珍的病虽然没有治好，但在工会的照料下生活得很好。

蔡永昌只要不到外地出差，每到星期日，一定会到厂医院看望住院的职工，从未间断过。他利用业余时间走访的职工家庭有 1000 多户，探望职工 10 万多人次，帮助职工和家属料理丧事 500 多次。全厂有 41 个孤寡老人、130 户死亡职工遗属、12 名生活不能自理的伤病员，都得到了工会的妥善照顾。广大职工说：“有蔡永昌给我管劳保，我们心里踏实。”

国营江北机械厂的许多工会工作者都成了职工之友，如敢打生产硬仗的“赵老拼”，为女工仗义执言、排忧解难的“家务清官”刘桂琴……他们行进在为职工说话办事的路上……

“臭老九”是“文化大革命”期间对知识分子的蔑称。1978 年，邓小平同志在全国科学大会开幕式上掷地有声地提出，知识分子“已经是工人阶级自己的一部分”。知识分子在“文化大革命”期间受迫害最严重，于是工会把照顾知识分子作为重点工作，做知识分子队伍的贴心人。

“工会真是关心我们，今后问题也有地方反映了。”这是西南农学院一名普通职工的由衷感叹。

西南农学院工会真诚关心知识分子，把解决思想问题与解决实际问题结合起来，尽量为教师排忧解难，让他们全身心地投入教学和科研中。

农业经济系的一位教授，在“文化大革命”中被审查，子女受牵连，一个儿子在煤矿，一个女儿在苍溪。他一直要求有个子女在身边，却长期得不到解决。工会及时向有关方面反映，帮他多方联系，最终顺利解决了问题。

西南农学院房子十分紧张，家属区宿舍是老房子，地面湿潮，光线阴暗，还要到很远的地方去打开水。星期天食堂不开伙，单身教师没饭吃，长期无人过问。工会多次向有关方面反映意见，最终成立了伙食管理委员会，为单身教师买了400斤煤油，并把大家的意见一一落实，使他们吃上了热菜热饭，教师们高兴地说：“党和工会这样关心我们，我们一定要更加努力更好地工作！”

在整顿建家阶段，工会干部始终牢记自己的职责，围绕中心、服务大局，舍“小家”为“大家”，真心实意为职工奉献，凸显了“娘家人”的高尚品格。

1987年5月，哈尔滨铁路局加格达奇铁路分局北部地区遭受了一场特大森林火灾，一夜之间，552户职工住宅化为废墟，2108人无家可归。在生与死、血与火、公与私的考验面前，在职工、家属最需要的时候，分局工会各级组织和工会干部挺身而出，竭尽全力投入抢救群众、安置灾民、重建家园的战斗中，用实际行动体现了职工之家的温暖，树立了“家”的形象，职工们亲切地称工会为“建在我们心中的家，大火烧不毁的家！”

五个受灾最重的车站中，有三个站长不在家，分别由站工会主席代行站长职务。在大火袭来的紧要关头，他们脑子里闪现的第一信号就是群众的生命安全，发出的第一道指令就是到各家各户，把老人、妇女和孩子叫起来，集中到车站。一些群众舍不得家产不肯离开，就硬把他们撵出了家门，使他们在大火中免遭不幸。

5月7日，劲涛工务段工会主席王恩来带领抢险队，乘轨道车三次往返于大火中救人。他亲眼看见父亲家的房子燃起熊熊大火，却顾不上去抢救。400多人得救了，王恩来对父母和儿子的下落却一无所知。图强养路工区工会主席毛玉林冒着浓烟烈火挨家挨户地叫人，并把30多名惊慌失措的群众领到水坑边，给被子沾上水披在老人和孩子身上，自己却遭受着大火的烘烤和浓烟的熏呛。劲涛俱乐部主任辛利军，在大火危及他家的紧急时刻，爱人的电话催不动他，大家劝不走他，他始终坚守岗位、寸步不离，用广播大声呼叫群众赶快转移。群众事后说："要不是俱乐部的广播，我们早就没命了。"灾后，分局和站段的工会主席，亲自带着紧急筹措的救灾物资、食品火速奔赴灾区，发到灾民手中，使那些衣食断绝、挣扎在死亡线上的妇女、儿童和老人获得生机。一位灾民激动地握住工会干部的手说："多亏你们，我们才能死里逃生，是工会救了我们的命。"

这一时期，各级工会纷纷动员部署，心往一处想、劲往一处使，经过四年左右共同努力，整顿建家活动取得了显著成绩。截至 1987 年底，全国基层工会达 53.6 万个，经验收合格的职工之家已有 37.8 万个，占基层工会总数的 70.5%，全国有 6.3 万个基层工会跨进先进职工之家行列。1988 年 10 月 22 日至 28 日，中国工会第十一次全国代表大会在北京召开，表彰了一大批全国模范职工之家、优秀工会工作者和优秀工会积极分子，历时四年的整顿建家活动圆满结束。

第二章

羽翼渐丰

为巩固“整顿建家”成果，增强基层工会活力，更好地服务于改革、发展、稳定的大局，1990年5月，全国总工会作出了《关于继续深入开展建设职工之家活动的决定》，明确提出要从重点抓工会组织整顿转到增强基层工会活力上来，并与时俱进地明确了建设职工之家的基本要求，第一次提出要二至三年表彰一批全国模范职工之家。

从1989年到1996年，建设职工之家活动羽翼渐满，进入深入推进阶段。这一阶段的建家活动，坚持以经济建设为中心，紧紧抓住全心全意依靠工人阶级根本指导方针的贯彻落实，明确工会基层工作要在企业改革发展稳定中发挥作用，形成了以履行“维护、建设、参与、教育”职能为构架的新的工作格局。特别是普遍开展了建设职工小家活动，切实把职工群众动员起来，使工会工作深入车间、班组，使工会更加具有活力。

不能歇脚，不能松气

20 世纪 80 年代末 90 年代初，在治理经济环境、整顿经济秩序、全面深化改革新形势下，党中央赋予工会新的光荣而艰巨的任务。1989 年 12 月 21 日，中共中央发出《关于加强和改善党对工会、共青团、妇联工作领导的通知》，深刻阐述了社会主义条件下工会等群团组织的性质、地位和作用，以及党对工会领导的正确原则和方针政策。

中国工会进入重要的历史性转变时期。从长期习惯于计划经济条件的工会工作，着力转变为社会主义有计划商品经济条件下的工会工作；从长期在权力过分集中、党群不分甚至政群不分的旧体制下的工会工作，切实转变为在党的领导下、分清各自的社会职能、依法独立自主地开展工作的新体制下的工会工作；过去思想观念、组织体制、活动方式存在行政化倾向的工会，转变为群众化、民主化的工会。在实现这三个历史性的伟大转变中，现实中基层工会还有许多方面不能完全适应，这就需要进一步解放思想，积极探索基层工会工作的新路子。

经过历时四年的“整顿建家”，基层工会自身建设取得了一定的成绩，解决了存在的一些问题。但在当时，有一种观点认为，建设职工之家活动已经开展多年，有的已经建成先进和模范职工之家了，可以“歇歇脚、松口气”了。还有的人认为，工会工作千头万绪，日常工作业务应接不暇，深入建家要向纵深发展，费时费力还不讨好。

其实，基层工会建设是一项长期性、基础性、战略性的历史任务，要常抓不懈，常建常新。为进一步加强基层工会建设，活跃基层工会，密切同职工群众的联系，1990 年 5 月，全国总工会作出了《关于继续深入开展建设职工之家活动的决定》（以下简称《决定》），强调继续深入开展建设职工之家活动。

这一阶段的建家活动，是整顿建家的继续和发展，整体上突出“深入”二字，重点在“搞活”上下功夫。在服务中心、凝聚人心上“搞活”企业，在加强民主制度建设上“搞活”基层工会，在车间（班组）工会建设上“搞活”小家。特别是把建设职工之家活动放在“搞活”企事业单位的全局工作中进行，通过把基层工会建设成为职工之家，增强企业的凝聚力和竞争力。

《决定》提出，动员和组织职工学习政治、文化、科学技术和经营管理知识，搞好职工的思想政治教育，培养良好的职业道德，提高思想政治素质和科学文化素质，努力建设一支有理想、有道德、有文化、有纪律的职工队伍，发挥工会学习共产主义学校的作用。

湖北省仙桃市针织厂，原是一个街道办的“婆婆厂”，职工整体素质不高，厂工会为了企业的生存和发展，把提高职工素质作为建家的重点，几年如一日地抓，使职工整体素质发生了根本性的变化。每年推出300多个新的花样品种和款式，市场需要什么产品，职工就能生产什么产品。棉花总公司纺织厂是一个组建才三年的新厂，职工绝大多数是从农村招来的女青年，文化程度平均在初中以下，刚投产那年，月产纱最高只有72吨，而且质量差，难以销出，即使销出也经常被退货。于是，厂工会把提高职工素质作为建家的突破口，狠抓不放，经过两年的不懈努力，职工的素质大大提高，月产纱208吨，一等一级品达96%，产品供不应求。

随着中国农村经济体制改革的深入，乡镇企业应运而生，在日趋激烈的市场竞争中显示出强大的生命力。乡镇企业的发展，带来了工人人数的大量增加，许多劳动关系矛盾也逐渐凸显出来。于是，乡镇企业进一步加快了工会组建工作的步伐，建设职工之家活动也在乡镇企业工会中轰轰烈烈地开展起来。

“有了职工之家真好，我们这些‘老乡’也能参加工会的活动了。”河北沧县一个乡镇企业职工激动地说。

1993年，河北沧县有乡镇企业180个，大多数建立了工会组织。县总工会积极响应职工的需求，深入开展了乡镇企业工会建设职工之家活动。

沧县的乡镇企业几乎都是百人以下的小型企业，建家后，70%的企业厂长认识到了工会工作的重要性。4 月，有台商找到渤海香料厂厂长，提议合资生产甜蜜素。厂长犹豫不定，请全厂职工召开大会讨论。职工们认为与台商合作投资较大，还不如在国内寻找购买专利，可以大大节省开支。厂长采纳了职工大会的意见，从寻购专利、搞工程设计、安装设备到投产使用只用了半年时间，节省了 200 多万元。经过试验，生产出来的甜蜜素比台商的甜蜜素还要好。

渤海香料厂的这一事件印证了《决定》提出的“把民主管理作为工作重点，健全完善以职代会为基本形式的民主管理制度，努力实现民主管理制度化、网络化、经常化。认真落实职代会各项职权，切实保障职工的主人翁地位，依靠职工群众办好企业和事业”。

过去一些乡镇企业片面追求经济效益，忽视了职工劳动保护和福利待遇。建家活动把这些工作作为重点，列入建家考评内容，取得了很好的效果。90% 的企业为职工按时发放劳动保护用品，80%的企业设立了医务室，60%的企业建立了职工食堂。望海寺乡植物油厂还给各生产车间安装了电扇和暖气，职工满意度很高。

随着对外开放的发展，中外合资、合作、外商投资（简称“三资”企业）不断扩大，到1991年底，“三资”企业为3.7万家，协议外资金额400亿美元。“三资”企业成为工会工作的一个重要领域，建家活动也随之向“三资”企业覆盖。

1994年7月5日，第八届全国人民代表大会常务委员会第八次会议通过《劳动法》。为了贯彻实施《劳动法》，在外商投资企业建立稳定协调的劳动关系，推动企业健康发展，全国总工会联合中国外商投资企业协会，在全国外商投资企业中开展了以“双爱双评”活动为中心内容的建设职工之家活动。双爱双评，就是企业爱职工，职工爱企业；评爱企业的优秀职工，评爱职工的优秀经理（厂长）。

从自身实际出发，通过开展“双爱双评”活动，推动建家活动开展，是一些地区外商投资企业工会的成功经验。开展好这一活动，教育和激励广大职工，学习和掌握党的改革开放方针，遵守国家的法律法规和企业的规章制度，爱国、爱厂、爱岗，努力完成企业的各项生产任务；教育和激励企业的经营管理者，严格遵守国家的各项法律法规，热爱职工，尊重职工的合法权益，保护职工的积极性和创造性；推动工会组织积极开展工作，在维护职工合法权益、共谋企业发展中发挥积极作用。

艾美特公司 1991 年 8 月在深圳建厂，1992 年 11 月就成立了工会，是深圳市第一家建立工会组织的台资企业，对全市非公企业建会发挥了导向性作用。后来深圳许多台资企业都是到艾美特公司参观后才下决心建会的。艾美特公司有 8000 余名工会会员（全员入会），组织机构完善，严格按照工会章程行事，每三年举行会员代表大会进行换届选举。工会主席享受公司行政副职待遇，配有专职副主席和工作人员，工会委员都经过培训持证上岗，有独立的财务账号、独立的办公室及社团法人资格。工会注重规范化建设，制定了切合实际的一系列管理和活动制度，制定了建设高标准的职工之家的奋斗目标。

艾美特公司工会成立之后，积极倡导设立合作医疗并由工会运作，员工和公司每月各出 5 元钱作为医疗基金，让生病的员工看得起病。遇到重大病需转院救治，无论费用多高，都按 70% 报销。

在公司工作多年的员工孙书龙因肝癌去世，工会发动全公司员工捐款 7.9 万元，并从援助基金中为孙书龙的两名幼小子女每月提供生活费 500 元，一直抚养到 18 岁。总务电梯工罗爱珍因急性脑出血不治身亡，工会再次启动急难援助基金，决定将其女儿抚养到 18 岁。

塑胶科的女工王建敏在一次机械故障中不幸受伤致残。工会领导帮助她依法进行社保理赔，并资助她进技校深造，获得一技之长后安排她在公司做力所能及的工作，保证她生活来源终身有依靠。

工会积极参与劳动争议的调处事宜，化解劳资矛盾。模具科的丁志高等 6 名员工因故被解除劳动合同，要求公司支付年终奖以及未休的年休假的工资。公司不接受他们的相关要求，气氛一度紧张。工会得知情况后，与公司多次协商，最后达成调解意愿：年终奖给予发放，年休假应该根据其未休完的实际天数给予补偿。经工会调解后，被解除劳动合同的职工都非常满意。

为搞好职工文化阵地建设，工会向公司提议修建一栋“艾美特职工之家”大楼，得到公司领导的大力支持。该大楼投入使用后，四层的建筑面积达 2000 多平方米，内设工会、党（团）支部办公室、女工学校、心理咨询室、电教室、投影室、阅览室、书画社、棋艺室、劳动争议调解室、歌舞厅、健身房、形体健美操室、电视室、乒乓球室、台球室等。大楼前的广场建有塑胶地板的篮球场和羽毛球场等，旁边还建有“职工探亲招待所”，设施非常完善。工会还牵头成立职工篮球队、足球队、羽毛球队、舞蹈队、读书协会、书法摄影协会等，经常在这里开展训练和竞赛活动。艾美特公司的广大职工真正感受到工会的关心、照顾，感受到“家”的和谐、温暖。

我的家我来建

坚持干部四化标准，通过会员民主选举，组建一个密切联系群众、全心全意为职工群众服务的基层工会领导班子，形成一支适应搞活基层工会需要，热心为职工群众服务的积极分子队伍，这是本阶段建家的标准之一。

职工是建设职工之家活动的主体，如何尊重职工的主体地位，保护职工建家的积极性，是这一阶段重点解决的问题。1992年，全国总工会印发了《工会基层组织选举工作暂行条例》和《关于基层工会会员代表大会代表实行常任制的若干暂行规定》，同时推进会务公开、会员评议等工作，切实保障职工群众的知情权、参与权、选举权和监督权，不断调动职工群众参与建设职工之家活动的主动性和积极性。

选举，是发挥基层工会作用的基础，是激发基层工会活力的源泉，是基层工会建设的起点，也是建设职工之家的重要内容。当时开展基层工会选举工作，许多基层的同志有疑虑，有的人认为这些工作应该搞，但是缺乏经验，不如等等看；少数人还持反对态度，怕把局面搞乱了，怕把和党政领导的关系弄僵了。但是，基层工会选举工作一推开，就显示出了强大的生命力。

河北燕南食品有限公司，一场直接选举工会主席的活动开始了——在党委领导和上级工会指导下，经全体会员层层民主推荐和现场无记名投票，生产车间主任当选公司工会主席。直接选举后的效果立竿见影：工会当年就争取到 10 万元资金，让集团及以上的 30 多名劳模、先进工作者分批旅游休假；在工会的协调下，集团出资外聘专家，对全体职工进行三级培训，培训后，公司产品质量明显提高……

“我叫杨兴。今天，我竞选的职务是工会主席。如果当选，一定为大家做好服务……”经班组、车间的层层推荐，以及现场竞聘和公示，河北宏福塑料制品有限公司一线职工杨兴当选工会主席。“现在全公司的人都认识我了，500 多名会员都在看着我，这是最大的压力。”杨兴说。

而他的一举一动也备受关注。工会刚成立时，正是天气变暖的时候。从一线成长起来的杨兴，知道一线工作环境的“热”。“以前，就是和大伙儿在车间里发发牢骚。这次不一样了，我是工会主席了，得争取解决问题，为会员负责。”杨兴说。经过沟通，“老问题”解决了：企业投入 60 多万元，为车间一线安装了水冷空调。

生产环境改善了，职工的干劲更足了。新当

选的工会主席和工会委员会成员积极主动开展岗位技能练兵活动，引导企业职工比技能、比干劲、比状态，企业经济效益得到较大提高。仅技术小革新一项，就创造经济效益 54 万余元，让企业经营方直竖大拇指。

工会会员代表是工会会员选举出来代表会员参与工会活动的，但是工会会员代表经常是“一次选举、三天开会、五年沉睡”。为破解这一难题，全国总工会推行了基层工会会员代表常任制，即代表在规定的任期内，始终具有代表资格、履行代表权利和义务，能够经常性地反映职工的利益和诉求。工会会员代表履职“全年在线”。

“职工对提升自身素质很看重，工会能不能针对一线员工经常搞些培训活动？”“工会是否可以多组织工会干部到不同企业交流学习，加强对年轻工会干部的培养？”这是我们在重庆市能源集团公司工会召开的联系一线职工会员代表片区交流会上听到的。

为更多地听到来自一线职工的声音，重庆市能源集团公司工会建立了工会会员代表常任制，要求每名一线会员代表联系本单位的10名一线职工，集中收集一线职工的所想所盼，以及对集团工会和工会工作的意见建议。

“集团公司工会推行会员代表常任制，明确了代表在闭会期间的权利和义务，让代表职责‘全年在线’，上级工会也可以全方位倾听民意。”一位基层单位的工会主席说：“会员代表常任制要求会员代表必须认真履行代表职责，密切保持与会员群众的联系。”

在交流会上，有备而来的一线会员代表们畅所欲言。有的会员代表提出，应加大一线工会干部培训；有的代表呼吁，加大互助医疗保险对重特大疾病职工的帮扶力度；有的代表提出应加大企业职工分流安置的工作力度；有的代表就竞赛活动、职工权益、工会干部待遇等问题开展热烈讨论，提出了很好的意见和建议。

重庆市能源集团公司工会相关负责人对会员代表提出的问题进行了现场解答。会议还发放了工会联系卡，包括每位主席的联系方式、办公地址等信息，打通与一线职工的常态化联络渠道。

激活最小细胞

车间（科室）、班组工会是工会组织的最小细胞。这一阶段，建设职工之家活动非常突出的一点，就是通过在职工日常活动的车间（科室）、班组，开展建设职工小家活动，激活末梢神经。建“小家”为建“大家”奠定了厚实的基础，有效解决了上热下冷的问题，进而推动建设职工之家活动的全面发展，切实增强了基层工会的活力。

吉林碳素厂工会，是建设职工小家活动的佼佼者，建设职工小家活动也是认真总结其经验后在全国推广的。

吉林碳素厂是当时全国最大的综合性碳素企业，总厂工会下设 45 个分会、631 个工会小组。厂工会先后获得全国总工会、冶金部和省、市总工会 18 项荣誉称号，但是职工的感受却并不深。

“先进争到了，可是我们的体会不深，感觉

工会变化不大。”有的职工一针见血地指出。

厂工会在充分调研的基础上，决定把工会小组建成名副其实的职工小家。他们在车间（班组）广泛开展了建设职工小家活动，制定了小家的建设标准，把建小家纳入工会目标责任制进行考核，同时配齐配强了“两长”、“六大员”，有力地提高了工会工作水平。经过多年的建小家活动，工会小组工作全面开展起来，整个基层工会工作渠道更加畅通，能“一竿子插到底”，使工会组织和工会工作有了坚实的基础。

建设小家活动如雨后春笋般涌现出来，特别是有的基层工会开展了以“小食堂”、“小浴室”、“小图书室”、“小活动室”、“小荣誉室”、“小菜园”为主要内容的“六小”建设活动，甚至发展到“十小”建设活动，妥善解决了职工吃饭、娱乐、学习等切身问题，受到了职工群众的普遍欢迎。

围绕服务于企业的中心任务，建小家把劳动竞赛作为重点，使职工的主人翁地位落到了实处，作用得到了发挥，为企业的发展增添了不竭的动力。

在素有“百里盐场”之称的四川峨眉山盐化集团公司，如雨后春笋般出现了的职工小家。小家的出现显示了它特有的魅力，带给企业勃勃生机。

峨眉山盐化集团公司工会把开展技术攻关作为小家建设的突破口。

制盐二厂鼓风机一度故障频发，相关技术部门采取了不少措施仍然难以奏效，以至于出现烧坏轴承的现象。该厂维修小组职工小家针对这一难题进行攻关，并研究出了解决这一问题的新的技术方案，全组工作连续 48 小时，终于解决了这一难题。

这个小家还针对真空制盐设备的“心脏”——循环泵经常烧轴的问题，由工会小组长马忠明负责，组织了专门的攻关小组。他们通过对设备的反复会诊，将轴承由单面密封改为双面密封，使轴承的使用寿命延长到一年以上，仅此一项每年就为企业节约 3 万余元。在不到一年的时间内，这个小家共实施小改小革 10 多项，直接创造经济效益 10 万多元，受到了企业行政的充分认可。

职工小家离职工最近，服务职工最具体，联系职工最密切。职工小家建好了，最能给予职工温暖、团结、和谐和愉快。

航务公司五三处机务班组由27人组成，他们建小家从关心人入手，机务班不管谁家有困难，工会小组长都会组织大家帮着解决，哪位职工有病或者亲属去世，都要到家探望。为了把小家搞得有生气，大家规定星期六下午为职工小家活动日，把有限的工会经费和合理化建议奖金都集中起来，用这些钱购置了文体用具，开展文体活动。

机务班27人中有21人是“文化大革命”期间的初中毕业生，文化水平比较低，看图纸、看资料都感到困难。面对这一情况，他们建立了自己的图书室，大家一起讨论学习。通过书本知识和岗位技术练兵，班里有一半以上的人掌握了三至四项工种技术。机务班摊多活杂，生产很是紧张，大家都能够打破工种界限，互相帮助，哪里忙哪里紧，就突击哪项工作，全组话说到一块儿、汗流在一起、心贴在一处，职工都说：“在这个班就像在家里一样温暖，真正把家建在了我们身边！”

这一阶段，基层工会坚持实事求是、从实际出发的方针，既坚持建家的基本要求，又提出切合实际的建家办法，注重实效，防止形式主义。认真贯彻“从群众中来到群众中去”的群众路线，始终把职工群众作为建家的主体，不仅依靠职工群众建家，还发动职工群众评家。群众不认可的，不宣传、不表彰。通过建家，进一步建立起工会同职工群众的血肉联系，赢得了职工的信赖。

第三章
展翅高飞

建立社会主义市场经济体制，实行经济体制和经济增长方式的两个根本性转变，引起了经济关系和劳动关系的一系列深刻变化，使工会工作面临着新形势和新任务，赋予了建设职工之家活动新的内容，提出了新的要求。

1997 年，全国总工会印发了《关于贯彻落实工会工作总体思路，把建设职工之家活动提高到新水平的意见》，确立了在深化改革过程中，基层工会工作的任务是全面履行各项职能，突出工会的维护职能；明确工会在协调劳动关系中的地位，并建立与之相适应的工作机制和组织机制；明确维护职工合法权益是工会的基本职责，是新时期开展建设职工之家活动的重要指导原则。

这一时期，还在外商投资企业、私营企业和乡镇企业工会组织中开展了以“双爱双评”为主要内容的建设职工之家活动，基层工会工作水平有了新的提高。

从 1997 年到 2002 年，建设职工之家活动展翅高飞，进入提高水平阶段。

履行职能，突出维护

在世纪之交的转型时期，中国共产党、中国工人阶级和全国人民面临两大历史任务，一是建立和完善社会主义市场经济体制，二是到 20 世纪末实现国民生产总值比 1980 年翻两番，为以后的继续发展和全面建设小康社会奠定坚实的物质基础。通过这两项任务的完成，把建设中国特色社会主义的伟大事业全面推向 21 世纪。

在从计划经济体制向市场经济体制的历史性转变中，中国工运事业也随之发生转变。市场经济的发展，特别是多种所有制经济的发展，使社会经济结构、经济关系和劳动关系日趋复杂化，社会利益主体多元化，工会在劳动关系中作为职工利益代表者和维护者的身份得以确认，这就要求工会必须重点研究劳动关系问题，以维护职工合法权益为基点，主动协助政府和企业行政处理好改革中涉及职工切身利益的各种问题。

1995 年 1 月 1 日，《劳动法》正式施行。1994 年 12 月 8 日，全国总工会第十二届二次执委会议召开，会议提出了新时期工会工作的总体思路，即“以贯彻实施《劳动法》为契机和突破口，带动工会各项工作，推动自身改革和建设，努力把工会工作提高到一个新水平，在改革、发展、稳定中更好地发挥作用”。工会工作总体思路是对社会主义时期工会理论和实践的重大突破，其实质是突出工会的维护职能。

中国工会十三大进一步强调要坚持和发展工会工作总体思路，并在总体思路的指导下，制定了工会工作指导方针，而贯彻这一方针，就必须突出依法维权，这就增强了工会工作整体思路的针对性和可操作性。1999 年 10 月，全国总工会召开十三届三次主席团会议，明确提出要实现工会工作的“五突破一加强”。2001 年 10 月 27 日，九届全国人大常委会第二十四次会议作出了修改《工会法》的决定，最重大的突破就是确立了“维护职工合法权益是工会的基本职责”，把工会工作总体思路以法律的形式正式确定下来。

建设职工之家活动紧跟工会工作整体步伐。1997 年 1 月，在总结多年开展建设职工之家活动经验和分析新时期基层工会工作新情况、新问题的基础上，全国总工会印发了《关于贯彻落实工会工作总体思路，把建设职工之家活动提高到新水平的意见》(以下简称《意见》)，开启了“提高水平”阶段的新征程。《意见》围绕贯彻落实工会工作的总体思路，创新性地对国有企业、集体企业和公有产权占主体地位的公司制企业工会工作提出了六个方面的要求，同时要求外商投资企业、私营企业积极开展以“双爱双评”为主要内容的建设职工之家活动，对乡镇企业、科学、文化、卫生、教育系统工会和机关工会提出相应的要求。

这一阶段，最富创新的是开展了全国模范职工之家复查验收工作。从 1997 年 1 月起至 1998 年 9 月期间，全国总工会对自 1983 年以来的全国模范职工之家单位进行了复查验收。在复查验收中，各地坚持实事求是和职工群众认可的原则，要求职工对工会工作的满意率不得低于 90%，基层工会把复查验收当作是对本单位总体工作的检验。到 1998 年 9 月，全国有模范职工之家 1131 个，经复查验收，保持荣誉的基层工会有 1057 个，占总数的 93.46%，被撤销称号的有 74 个，占总数的 6.54%，大大激发了基层工会开展建设职工之家活动的荣誉感和积极性。

这一阶段，建会工作狂飙突进。根据当时的数据，截至 2002 年 9 月底，全国基层工会组织数由 1997 年的 51 万个增加到 171.3 万个，全国工会会员总数由 9131 万人增加到 1.3 亿人，均达到历史最高水平。各级工会还积极推动新建企业工会组织体制、组织网络的建立健全，切实加强乡镇（街道）、村（社区）和工业区、高新技术园区工会组织建设，推动联合职工之家建设，有效发挥了其承上启下的重要作用。

随着越来越多的非公有制企业向开发区（工业园区）聚集，开发区（工业园区）辖区内职工越来越多。这些职工大多远离家乡，走进城市，时常感觉被孤立。各地大力加强开发区（工业园区）职工之家建设，使辖区内的职工感受到工会组织的温暖。

截至 2003 年，杭州经济技术开发区已有 50

家国内知名企业和跨国公司、18家世界500强企业和来自22个国家和地区的企业共145家。全区共有职工4.4万人。面对劳动关系的特殊性和复杂性，杭州经济技术开发区总工会在开发区党工委和上级工会的指导下，确立了“三个代表”重要思想为指导，确立了“打基础，壮队伍，闯新路，立足维权，做好服务”的工作方针，大力开展职工之家建设活动，在外企中积极发挥作用，在职工群众中形成了较强的凝聚力，从而促进了开发区的稳定和发展。

“哪里有职工，哪里就必须建立工会组织”，最大限度地把广大职工组织到工会中来，是工会作为职工群众利益的代表者履行维护职能的基础。在外商投资企业中，投资商虽然也认同工会的合法地位，知道是符合国际惯例，但出于诸多考虑，往往能拖则拖，或拖而不办，或筹而不建。针对这种情况，杭州经济技术开发区坚持原则，法律开路；多方联手，形成气候；选好典型，以外引外；坦诚真言，以理沟通，搞好外企工会组建，夯实组织基础，建好网络队伍。

杭州经济技术开发区依靠制度和法律维权，

不仅把维护职工合法权益作为己任，而且从开发区稳定发展大局出发，在坚持原则的同时，讲究策略，方法灵活，进退有度。区总工会与律师事务所联手成立了开发区职工法律援助中心，承担着法律宣传、法律咨询、法律培训、法律诉讼等免费服务。24 小时开通法律援助热线，定期为企业提供上门服务；根据国家和省市政策以及开发区的实际，编印了《职工维权指南》、《职工维权联系卡》，免费发给职工群众。在五一、国庆和劳资纠纷易发时期，法律援助中心举办大型法律服务日活动。

杭州经济技术开发区内一些外商投资企业为获取更多利润，压低克扣职工工资、任意缩短合同期限、随意处分、开除和打骂中方员工，侵犯职工合法权益，集体性劳动争议、集体停工等突发事件时有发生。区总工会成立以来，采取积极稳妥的态度，因势利导，有礼有节开展工作，并及时向党工委和上级工会报告，与其他部门一道，发挥各自的职能作用，较好地化解了矛盾，稳定了大局。

杭州经济技术开发区工会在职工之家建设活

动中，全面履行职责，突出维护职能，为职工办实事办好事，使工会在维护职工合法权益、共谋企业健康发展中提升了地位，发挥了积极作用。

从“双爱双评”到“双爱双赢”

“双爱双评”活动发源于我国六大经济特区之一的汕头经济特区，经广东省总工会总结和推广，1995 年之后该项工作获得全国总工会的肯定，在全国范围内开展起来。1981 年，国务院批准成立汕头经济特区。建立经济特区是我国经济体制改革历程中的伟大创新，特区工会工作面临与计划经济截然不同的局面。如何在外商独资企业、合资企业中开展工会工作是摆在当时工会面前的一道急需破解的难题。

汕头经济特区总工会（下称特区总工会）成立于 1983 年 10 月，在特区党委和汕头市总工会的直接领导下，按“特事特办，新事新办，立场不变，方法全新”的原则，创造性地开展工作。特区总工会的创始者们面对与以往完全不一样的劳动关系，在思想上要冲破原有思维的禁锢，在自身定位上要改变原有浓厚的行政色彩，在工作方法上要学会沟通与协调。

1984 年初，汕头特区共有“三资”企业 7 家、工人 792 人，虽然企业与职工人数不多，但劳动关系较为紧张，主要表现为停工、怠工的情况时有发生。劳资双方冲突的根源在于双方的观念差异。正如 1984 年 6 月特区总工会等单位上报特区党委的《区内部分企业职工的生产情绪为何不够安定？》中指出的，“厂方认为职工劳动热情不高，工时利用率低，又懒又散，素质差；职工则认为工价不合理，生活福利待遇差，工作要求有‘特’，收入没有‘特’，多干工作得到的是更多的剥削，因此，生产情绪不稳定，工作提不起干劲”。

特区总工会通过广泛走访职工，与企业主深入沟通，探索非公有制企业工会工作的有效形式，提出“两个维护”的工作指导思想，既维护了职工合法利益，也维护了投资者的正当利益。随着对外资企业工会工作认识的不断加深，特区总工会进一步明确为企业、为职工、为对外开放政策服务的“三个服务”工作指导思想，并把“三个服务”融汇到“三资”企业工会开展职工之家建设工作中去，受到广东省总工会的肯定，并作为全省经济特区、外商投资企业工会工作指导思想予以推广。

正是基于“两个维护”、“三个服务”的工作指导思想，在特区总工会的倡导下，1989年4月，华达宝、业生、华益和锦荣四家外商投资企业工会结合他们开展建家工作的实践，联合向全区“三资”企业发出开展“爱我企业”活动的倡议，启动了“三资”企业“职工爱企业、企业爱职工”的活动。在特区总工会的大力推动下，通过交流探讨会、工作专题讨论会、经验交流会等形式，不断深化和拓展“双爱”的内涵，把活动不断引向深入。1990年5月，“双爱”在汕头特区范围内全面推开。1990年8月，广东省总工会在全省范围内推广该项工作。

经过四年半的启动、推广和普及，1991年10月，特区总工会发出了《关于表彰三资企业“职工爱企业、企业爱职工”活动先进个人的决定》，评选出一批“职工之友”和“优秀员工”，至此“双爱双评”活动的雏形基本形成。1995年8月，全国总工会和中国外商投资企业协会联合发出《关于在外商投资企业开展“双爱双评”活动的通知》，正式推动“双爱双评”活动在全国范围的“三资”企业中开展。1997年1月，全国总工会印发了《关于贯彻落实工会工作总体思路，把建设职工之家活动提高到一个新水平的意见》，提出外商投资企业、私营企业工会要积极开展以“双爱双评”为主要内容的建设职工之家活动。至此，“双爱双评”活动成为全国非公有制企业工会工作的主要形式和载体。

“双爱双评”，就是企业爱职工，职工爱企业；评爱企业的优秀职工，评爱职工的优秀经理（厂长）。从自身实际出发，通过开展“双爱双评”活动，推动建家活动开展，是一些地区外商投资企业工会的成功经验。开展好这一活动，教育和激励广大职工，学习和掌握党的改革开放方针，遵守国家的法律法规和企业的规章制度，爱国、爱厂、爱岗，努力完成企业的各项生产任务；教育和激励企业的经营管理者，模范地遵守国家的各项法规，热爱职工，尊重职工的合法权益，保护职工的积极性和创造性；推动工会组织积极开展工作，在维护职工合法权益、共谋企业发展中发挥积极作用。

截至 2023 年，“双爱双评”共开展 10 届评选活动，表彰了全国关爱员工优秀民营企业家 1003 名、全国热爱企业优秀员工 978 名、全国双爱双评先进企业工会 991 个，以及全国就业与社会保障先进民营企业 269 个。

随着改革开放的不断深入，我国非公有制经济得到了快速发展，迅速成为我国经济新的增长点。同时，非公有制企业劳动关系复杂，劳动争议比较集中，在一定程度上影响了社会和谐稳定，也影响了企业自身的健康发展。2003 年 12 月 21 日，时任中共中央政治局委员、中华全国总工会主席王兆国在全国总工会十四届三次主席团（扩大）会议上特别指出，要坚持抓组建和抓作用发挥并举，继续加强职工之家建设，把非公有制企业的“双爱双评”活动与职工之家建设结合起来，进一步夯实工会组织基础。2004 年，全国工商联和全国总工会联合在民营企业开展了“关爱员工、实现双赢”活动，把“双爱双评”

活动拓展到了一个新的领域。

南京斯威特集团是 1992 年成立的民营高科技企业。1997 年公司工会成立后，在党委的领导下，紧紧围绕企业生产经营中心，深入开展“双爱双评”活动，促进了企业的持续健康发展。

依法维权，把建立稳定协调的劳动关系作为“双爱双评”活动的着力点。南京斯威特集团工会在开展“双爱双评”活动中，把维护职工合法权益作为“双爱双评”活动的核心内容，并在机制建设上狠抓落实。建立了平等协商、签订集体合同制度，实现职工合法权益的契约化。坚持和完善职工代表大会制度，依法落实职工的民主权利。建立“党工共建”工作机制，推动维权措施落实。

以人为本，把促进企业健康发展作为“双爱双评”的立足点。在开展“双爱双评”活动中，南京斯威特集团工会注重调动和发挥广大职工热爱企业的积极性，不断增强职工的主人翁意识和爱岗敬业精神，努力为企业的发展作贡献。开展群众性技术创新活动，不断提高企业的经济效益。大力开展合理化建议活动，实现职工参与企业管理的经常化。充分利用多种信息载体，畅通职工与企业的沟通渠道。

真诚关爱，把实现双赢作为“双爱双评”活动的切入点。南京斯威特集团工会在深入开展“双爱双评”活动中，坚持把“双爱”落到实处，使职工在企业发展中不断受益，企业在职工的努力和奉献中不断发展壮大，在“双爱”中不断实现“双赢”。开展创建学习型企业活动，不断提高员工队伍素质。开展丰富多彩的文体活动，满足员工的精神文化需求。扎扎实实办实事，切实解决员工的后顾之忧。

2006 年 12 月 9 日，时任中华全国总工会党组书记、副主席、书记处第一书记孙春兰在全国总工会十四届四次执委会议上所作的工作报告中指出，把创建和谐企业活动与建设职工之家“双爱双评”和“关爱员工，实现共赢”等活动结合起来，努力把企业工会建设成为动员职工建功立业的建设之家、维护职工合法权益的维权之家、协调劳动关系的和谐之家、提高职工能力水平的学习之家、丰富职工精神生活的文化之家。

对企业员工来说，在企业的关心关爱下，不

断地激发积极性和主动性，兢兢业业、扎扎实实、勤奋刻苦地工作，努力完成生产、科研和经营任务，为企业发展贡献智慧和力量。

李银芳是来自甘肃省兰州市方大碳素新材料科技股份有限公司的一名普通职工。她常对工友说："企业就是我们的家，我们要爱企如家；企业好了，小家才会更好。"

怀着对企业、对岗位的热爱，她始终坚守在工人岗位上，作为焙烧隧道窑调温班班组长，每当窑体大修时，她都会提前一一标记出需拆检的阀门和管道，为大修任务提供前期保障，避免人力物力的浪费；大修期间，为了保证检修质量，她每天顶着高温奔走在检修现场，避免重复返工造成的浪费。修炉师傅总喊她是"闲不住的大班长"。

焙烧隧道窑是碳素制品焙烧工序的重要设备之一，主要消耗的是天然气和电。为了防止天然气泄漏，调温班成员对天然气管网日常的检漏格外关注，一有问题及时修补。在姐妹们的精心操作下，天然气单耗逐年降低，三年来消耗下降25%，创造了建厂以来的最高纪录。就在大家都认为天然气单耗不可能再降低的时候，李银芳通过观察发现新增5#燃烧炉在生产中作用不明显，经过反复摸索实践，她又针对5#燃烧线提出了改造建议。领导采纳后，大大节约了能源，仅此一项每年就节约天然气费用70万元、电费8万余元。

焙烧隧道窑是进口设备，自动化程度高，对操作者技能要求较高，李银芳在工作之余，坚持查阅书籍和技术资料，不断巩固和充实自己的业务知识和技能。她和同事们一起开展有针对性的学习培训，通过模拟应急事故处理、现场讲解和班前班后会上问答等方式，使全体班员的操作技能都得到了不断提升，个个都成为岗位的行家里手。

李银芳时刻注意把自己融入班员，“诚心待人，贴心对人”。她在班组创新开展了“快乐心情板”、“安全全家福”等班组建设活动，拉近班员心与心的距离，形成了和谐向上、乐观积极的班组氛围，让班组不断焕发正能量。为丰富大家的业余生活，使姐妹们的特长得以展示，李银芳常鼓励大家积极参加公司组织的各项文体活动。班员生病住院或家里有事，她在第一时间带领姐妹们前去探望，嘘寒问暖。姐妹们相互关心，情同手足，心往一处想，劲儿往一处使，一个思想好、作风正、本领强、素质高的优秀团队茁壮成长，班组浓厚的家庭氛围，成为其他班组羡慕和学习的对象。

只有把企业当成自己的家，才能感受到企业这个大家庭的温暖，职工才能得到最大的实惠。逢年过节企业发福利，职工配偶生病企业给报销医药费，孩子学费企业给资助，职工食堂就餐免费……有的职工满眼泪花地说："企业就是我的家，我爱我的企业我的家！"

"双爱双赢"的关键是把劳动者和经营者广泛地团结起来，突出以"爱"设计内容，依靠"评"落实效果，实现"赢"为最终目的。所以，在整个过程中，工会要努力承担起职工利益代表者维护者的责任，切实维护职工的合法权益，推动在企业建立规范有序、公平正义、彼此尊重、互利共赢的和谐劳动关系。

捧一颗心来

在这一阶段，建设职工之家活动中涌现出大量优秀的工会干部，他们牢记宗旨，心里始终装着职工群众的利益，不计个人得失，扎扎实实为职工群众做好事、办实事、解难事。

杨丽，云南省昆明市总工会主席，从事工会工作 34 年，始终把“职工选我当主席，我当主席为职工”作为自己的庄严承诺，无怨无悔、尽心竭力为职工服务，真情实意做职工的贴心人，曾四次受到胡锦涛同志的亲切接见。

抓源头，建机制，从整体上维护职工的合法权益。按照中央“建立工会领导下的维权机制”的重要批示精神，杨丽带领工会的同志们，狠抓建立健全定期向党委汇报、工会与政府联席会议等各项维权机制。做到凡涉及职工切身利益的会议，逢会必到，如实汇报，据理力争，不浪费代表职工群众参政议政的“位子”，不放弃为职工群众说话办事的“话筒”。在参加省市各种会议上，杨丽代表市总工会提出的200多个提案、议案、意见、建议，大多引起党政重视并被采纳。

为争取社会各界为送温暖资金捐赠，杨丽说得出口、伸得出手。她带领工会的同志们先后组织了七次社会捐赠，共筹集到2700多万元送温暖资金及1000多万元的物资。为争取市财政对送温暖资金的支持，她绞尽脑汁、四处求人，用调研数据、用工会深情的帮扶故事，使市财政对送温暖资金的投入由开始的50万元逐年增加到1200万元，为送温暖工作奠定了坚实的物质基础。

为保护工人文化宫资产不受侵犯，杨丽无私无畏，带领工会的同志们捧着《工会法》，有理有节，风风雨雨抗争了十年，终于使文化宫迁建问题得到妥善解决。市委、市政府决定投资6.5亿元在市中心新建工人文化宫，先建后拆，保证工会资产翻一番。

动真情，建中心，为困难职工撑起一片蓝天。早在1995年，杨丽就倡导并组织开展了包户帮困、寒窗助学活动，被称为昆明市工会系统“寒窗助学”第一人。她包户帮困的第一个家庭是橡胶厂特困职工钟华礼一家。钟华礼丈夫病逝，靠帮工厂打扫卫生捡破烂儿来抚养一双儿女，儿子周一民考上了西安交大，但无钱交学费，准备退学打工。杨丽得知这一情况后，当即与她家结下穷亲并进行了长达5年多的帮困。与此同时，她还帮助了一位老劳模的遗孤杨海芸读书、找工作、找对象，直至其成家立业。

全国总工会发出金秋助学号召后，杨丽又先后“包”下了东川矿务局困难矿工之子吴浪、昆明机床厂困难职工之女帅念叶读完大学。现在这些孩子都走上了工作岗位，家庭都发生了翻天覆地的变化。长达14年的“包户帮困”，杨丽为帮助5个困难家庭的6名寒窗学子，花费了多少心血和金钱连她自己也记不清，还是女工部部长为她算了算说，不会少于15万元。

为使送温暖工作经常化、制度化、社会化，杨丽带领工会的同志们于2002年创建了云南省第一家困难职工帮扶中心，共接待各类职工228万多人（次），为54.3万多人（次）的困难职工、农民工送去了党和政府的温暖，免费开办了300多期培训班，帮助6.4万名下岗职工、农民工实现了再就业，评选了 108 个再就业明星，建立了 45 个再就业基地，使 4600 多名“4050”人员有了新的就业岗位。在全方位为职工服务的实践中，逐步实现了“六化”，即主席接待制度化，维权工作社会化，帮扶工作网络化，窗口设置需求化，资金筹集多元化，中心管理规范化。帮扶工作已成为昆明工会的一大品牌。

抓典型，敢碰硬，坚持为弱势职工伸张正义。帅气的 23 岁文山壮族农民工沈占锋，在为一私营企业拉运硫酸的过程中，不幸被硫酸严重烧伤为一级伤残，惨不忍睹。当他还在医院抢救、眼睛还蒙着纱布时，私企老板居然恶人先告状，将沈占锋告上法庭，要他赔偿企业所谓的经济损失 4 万元，逼得沈占锋两次想跳楼自杀。走投无路的沈占锋家人在找了 23 个单位都未得到解决的情况下找到了杨丽。杨丽带着工会的同志们，顶着复杂关系的压力，一方面四处奔走收集证据，帮沈占锋打官司；另一方面签下个人担保书，千方百计筹集了沈占峰三次大手术、五次整容的急需费用。经过长达两年多的艰苦努力，市总工会终于依法为沈占锋讨回了公道，使他获得了 12.6 万元的赔偿。

特困职工米民夫妇，就靠 25 岁的独子米育林开出租车来维持生活。不幸的是，2002 年 9 月 13 日，国庆节就要结婚的儿子因停车问题被一家酒店殴打成重伤，交不起医院大额费用的米民哭着给杨丽打来求救电话。杨丽立即和工会的同志带上救助金赶到医院，但因米育林伤势过重，还是没能被救活。工会为米家提供了两次法律援助，官司胜诉了，凶手也被严惩了，但 23 万多元的赔偿金却遭遇“执行难”。2004 年 9 月 28 日是执行尾款 1.62 万元的最后期限。经过一番剑拔弩张的较量，杨丽当机立断从自己的工资卡上取出 1.62 万元，替酒店老板垫付了执行尾款。老板被感动了，他说：“昆明的工人有杨丽这样的工会主席真是福气啊!”事后，米民夫妇给杨丽送来一面锦旗，上面写着“心中装着老百姓，伸张正义为职工”。

寸草心，三春晖，奉献工会感党恩。为了给职工更多的爱，杨丽欠下亲人太多的情。每年逢年过节，她都要带领工会的同志到最苦、最脏、最累、最险的岗位，为各类困难职工送去党和政府的温暖。她那患病多年至今尚未痊愈的儿子只能吃方便面，她那89岁高龄的老母亲总会拄着拐杖站在家门口苦苦地盼着她回家过节！

1994年，杨丽为救被一群歹徒殴打、差点送命的青年工人胡跃飞时腰受了重伤；2002年，她在去禄劝扶贫的路上遭遇车祸落下了病根；她积劳成疾，患有严重的颈椎病、腰椎病，常常被病魔折磨得寝食难安。不断有人问杨丽，你一天辛辛苦苦、忙忙碌碌，图个啥？她掷地有声地回答："30多年来，每当通过自己的辛勤工作，看到经济发展、社会和谐、职工高兴，特别是听到职工由衷的一声声、一遍遍地喊'共产党好，社会主义好，感谢党和政府，感谢工会组织'时，我都会自豪地回答：'我一生奉献工运事业，一辈子为职工服务，值！'"

潘兰英，1992年开始担任黄石丝绸厂工会主席。两年后，企业因生产经营困难停产了，35岁的潘兰英成了"留守工会主席"。面对全厂665名职工下岗待业，161名退休职工失去企业依靠，潘兰英流泪了，但她告诉自己要坚强：党组织信任我，职工选举我当工会主席，无论面对什么样的困难，工会服务职工、维护职工合法权益的职责决不能“关闭停产”！

1994 年 4 月的一天，厂长找到潘兰英，很和气地跟她说：“潘主席，厂里决定以老厂房的地产作抵押，从银行贷款作启动资金，你只要盖上工会的章就可以了。”她犹豫了：老厂房和地产是集体财产，是全厂下岗职工的利益和希望所在。以地产作抵押等于把家底全送出去，那么职工的安置怎么办？想到这里，潘兰英说：“盖章可以，但要通过职代会讨论通过，我没有权力擅自给你盖章。”厂长一听就火了，拍着潘兰英的桌子，严厉地对她说：“我是厂长，你一个小小的工会主席不听我的，想干什么?!”

潘兰英没有被厂长的“霸气”压倒，她义正词严地说：“在涉及职工切身利益的问题上，召开职代会让职工来表决是法律的规定，对你、对企业都有好处，否则，出了乱子你吃不了兜着走！”厂长见潘兰英不服软，铁青着脸扬长而去，并扬言要罢免她的职务。职工们听说厂长为此事要罢免潘兰英的职务，纷纷表示，潘主席是职工选举的，要罢免她我们决不答应！

在那些日子里，潘兰英格外感到这枚工会图章的分量，为防止出现意外，她一直将工会图章揣在身上。后来，通过政府出面协调，有偿转让了老厂房，解决了退休职工的养老保险和在岗工人10年的养老金，潘兰英才松了一口气。

为帮助职工走出困境，在担任留守工会主席的6年时间里，潘兰英常常上午跑政府职能部门和企业，下午看病人，晚上还要走访特困户。在她和同事们的不懈努力下，170多名下岗职工谋到新职业，200多户特困家庭得到了救助。在此期间，除了厂里发的一些衣物代卖品外，每年潘兰英领取的现金只有563元。尽管如此，只要职工家里有婚丧嫁娶的事，她都会代表工会去看望。几年下来，潘兰英仅有的4000元积蓄全花光了。

2000年9月，潘兰英任黄石市铁山区总工会任副主席。上任后，她和同事们走访了1000多户职工家庭，发现这个仅有6万人的城区，下岗工人竟达4631人。为方便这些职工与工会联系，当时的区委常委、区总工会主席建议以潘兰英的名字开通一条热线救助电话。于是，铁山区总工会“潘兰英热线”救助电话应运而生。通过这条“热线”，潘兰英协助区委、区政府，让全区 208 名副科级以上干部与 208 名特困职工结成帮扶对子，捐资 10 万余元，帮助他们渡过难关。然而，潘兰英知道，要让职工彻底摆脱贫困，帮助他们实现再就业才是根本办法。于是，潘兰英拿出当年为黄石丝绸厂下岗职工求职的那种锲而不舍的精神，为下岗职工再就业开始奔走。

漂染工张铁成下岗后，家里穷得叮当响，儿子爱画画，他竟掏不起钱给他买一支彩笔。为给张铁成找工作，潘兰英逢人就拜托，不管成不成，都要千恩万谢，带他面试了十几家企业，但都没有结果。

一天，潘兰英打听到街道蓄电池厂要招人，赶忙领着张铁成找上门去。人家回答说：“管事的厂长到碎石场去了，你们明天再来吧。”

潘兰英怕错过时机，领着张铁成就往山上走。那天，天下着雨，10 多里泥泞山路，潘兰英穿的鞋子脱了帮，只得光着脚，一瘸一拐地往前走，全身的衣服都湿透了。厂长被她的行为感动了，收下了张铁成。有了工作，张铁成本该高兴，但他却像孩子一样哭起来。

15 年过去了，潘兰英把自己的全部精力和时间都投入服务职工上，亏欠家人太多。这些年来，她连饭都很少给爱人做。儿子读初中时，看到同学们穿着牛仔裤，非常羡慕，央求她买一条。但当时正巧潘兰英的结对帮扶对象占桃红一连两次住院，她和读中专的女儿仅靠丈夫一个月 300 元的工资维持生活，于是潘兰英将手头仅有的 200 元钱给了她；下岗职工占国庆患胃癌去世，学校多次催他的女儿晶晶交学费，晶晶的妈妈找到了潘兰英，她又从工资中拿了 268 元给孩子付了学费；特困职工殷水清托潘兰英帮他找份工作，潘兰英给他联系了一份送报的差事，谁知招工人员说要先交 100 元押金，于是，她又掏出 100 元帮他付了押金。就这样，给儿子买牛仔裤的事情就一直拖了下来，直到儿子考上大学，潘兰英才了结了这桩心事。

一些人对潘兰英的做法不理解，说她傻，有人说："那些职工和你非亲非故，你为了他们吃了那么多苦受了那么多罪，图什么？"但潘兰英是这样回答的："我是党员，又是工会干部，为职工说话办事，让下岗职工走上工作岗位，让家庭有了欢声笑语，让社会多了安定和谐，还有什么比这更有价值！”

这一阶段，各级工会积极适应社会主义市场经济体制，适应建会工作狂飙突进的现实，广泛深入开展职工之家建设，最大限度地把广大职工组织到工会中来，最大限度地维护广大职工的合法权益，最大限度地保护、调动和发挥广大职工的积极性主动性创造性，涌现出一大批工会干部先进典型，创新性开展了全国模范职工之家复查验收工作，受到了广大职工的充分认可和肯定。

第四章
大树深根

进入新世纪新阶段，为适应全面建设小康社会、加快推进社会主义现代化的要求，2003 年 7 月，全国总工会印发了《关于在新形势下深入开展建设职工之家活动的意见》，提出了深入开展建设职工之家活动的指导思想和原则、目标和基本要求，建设职工之家活动进入一个新的发展阶段。

从 2003 年到 2009 年，建家活动大树深根，进入创新发展阶段。这一阶段的建家活动，主要是围绕坚持走中国特色社会主义工会发展道路，贯彻“组织起来、切实维权”工作方针，把维护职能贯穿于推动改革、促进发展、积极参与、大力帮扶的全过程，发挥基层工会组织作用。

组织起来、切实维权

进入 21 世纪，中国内外环境发生了深刻的变迁。世界多极化趋势深入发展，经济全球化加速推进，科技革命日新月异，国际竞争日趋激烈，对世界各国经济、社会和文化都产生了深远的影响。中国社会主义市场经济体制初步确立，改革开放逐步进入攻坚时期，困难与机遇并存。面对十分复杂的国内外形势，党和政府审时度势，不断深化改革开放，加快发展步伐，以加入世界贸易组织为契机，提出了全面建设小康社会的战略目标，把建设中国特色社会主义的各项事业不断推向前进。

在新世纪，工人阶级队伍自身也发生了巨大变化。工人阶级队伍人数大幅增加，结构趋于多元化，阶层分化日益明显。企业组织形式、用工方式日渐多样，劳动关系领域出现了一系列需要面对和解决的矛盾和问题，工会组织维护职工权益、参与经济建设和社会管理、推动各项工作不断创新发展的任务更加繁重。

面对这些新变化，中国工会坚持从党和国家工作大局出发，坚持中国特色社会主义工会发展道路，明确了“组织起来、切实维权”的工会工作方针，树立了“促进企业发展、维护职工权益”的企业工会工作原则，致力于构建社会主义和谐劳动关系，取得了突出成绩。

“组织起来”，就是要把职工群众最广泛地组织到工会中来，把广大职工更加紧密地团结在党的周围，用共同理想凝聚职工，用伟大事业激励职工，不断发展工人阶级的先进性，最大限度地保护、调动和发挥广大职工的积极性和创造力。

“切实维权”，就是要全面履行各项社会职能，突出维护职能，敢于维权、善于维权，使工会维权的声音更响、力度更大、措施更得力、效果更明显，积极协助党和政府解决好涉及职工切身利益的问题，把职工群众的经济、政治、文化和社会权益实现好、维护好、发展好。

2004 年 3 月 18 日，在开展建设职工之家活动二十周年之际，时任中华全国总工会党组书记、副主席、书记处第一书记张俊九指出，“组织起来、切实维权”是工会贯彻“三个代表”重要思想，围绕党和国家大局开展工作的重要举措，也是对基层工会开展建家活动提出的新要求。建设职工之家活动，是推进工会工作特别是工会基层建设的重要载体，只有把“组织起来、切实维权”的各项要求落实到基层，才能为建家活动注入新的生机和活力，促进建家活动的深入发展。

建设职工之家活动始终融入工会工作大局之中。2003 年 7 月，全国总工会印发《关于在新形势下深入开展建设职工之家活动的意见》（以下简称《意见》），标志着建设职工之家活动进入了创新发展阶段。《意见》分析了在新形势下深入开展建家活动的重要意义，提出要遵循“服务大局、突出维护、依靠群众、创新发展、齐抓共建”五大原则，明确了五项基本要求。

新形势下深入开展建家活动的目标：认真贯彻“三个代表”重要思想，适应工会依法履行维护职工合法权益基本职责的要求，着力加强调整劳动关系机制建设，突出抓好为职工群众办实事，大力推进基层工会的群众化、法治化、规范化，努力把基层工会建设成为组织健全、维权到位、工作规范、作用明显、职工信赖的职工之家。

2010 年 5 月，全国总工会印发了《关于进一步加强建设职工之家工作 充分发挥基层工会作用的意见》，为建设职工之家掀开了新的华丽篇章。这个规范性文件进一步明确了建设职工之家的基本要求，加大了建设职工之家活动的激励约束力度，并把非公有制企业作为建设职工之家工作的重点。

从2010年开始，建设职工之家主要是围绕党和国家工作大局、工会工作全局，按照促进企事业发展、维护职工权益的原则，向所有基层工会全面推开，不断加强基层工会群众化、法治化、制度化，激发基层工会活力，充分发挥基层工会作用。适应形势和实践发展的需要，深入开展建家活动，把建会、建制、建家紧密结合起来，推动工会基层组织特别是非公有制企业工会进一步健全组织，加强规范化建设，建立和完善维护职工合法权益的有效机制，切实发挥基层工会的作用，是摆在各级工会面前的重要课题。

这一阶段，建家活动紧紧围绕着党和国家工作大局和工会工作全局，呈现出内容不断丰富、形式不断创新的特点，把“健全组织体系、促进科学发展、履行维权职责、提高职工素质、服务职工群众、加强自身建设”作为标准，努力把基层工会组织建设成为组织健全、维权到位、工作规范、作用明显、职工信赖的名副其实的职工之家。

这一阶段，明确了全国模范职工之家表彰频率，“结合召开全国工会代表大会，每五年集中表彰一批全国模范职工之家、全国模范职工小家、全国优秀工会工作者、全国优秀工会积极分子、全国优秀工会之友；届中评选表彰一批全国模范职工之家、全国模范职工小家、全国优秀工会工作者”。

这一阶段，一个重要的突破是把全国模范职工之家表彰与推荐全国五一劳动奖状、奖章密切结合起来，提高了全国模范职工之家的分量。“基层单位及其党政负责人拟推荐申报工会系统评选表彰的各层级五一劳动奖状、五一劳动奖章等荣誉称号的，其工会组织必须荣获相应层级的模范职工之家称号。”

建家首先要建立工会组织，没有“会”，何来“家”？这一阶段的建会工作主要对象是非公有制企业，在推动世界500强企业建会工作中，2006年是值得大书特书的一年。2006年7月，在职工的强烈要求和社会各界推动下，沃尔玛晋江店职工依法成立了沃尔玛在华的第一个工会组织，从而成功破解沃尔玛建会的世界性难题，在国内外产生了重大影响。

这一阶段，非常重要的一个制度创新是提出了基层工会每年要通过会员（代表）大会，对本单位工会开展的建家活动进行民主评议，进一步突出了建家活动的群众性。

山西阳泉，一个以采掘业为主的老工业城市。改革开放以来，中小企业发展迅猛，非公有制经济遍布城乡，全市 25 人以下的基层工会组织有 3348 个。面对这一情况，阳泉市总工会从 2002 年开始，探索建立小型非公有制企业工会联合会，并招聘使用社会化工会工作者，简称“双措并举、二次覆盖”，有效破解了小型非公有制企业建会难、发挥作用难的问题。

2003 年 6 月，阳泉市在城区上站街道建立了全市第一家基层工会联合会，覆盖 6 个中小企业工会、567 名会员。在编制受限的情况下，他们采取组织推荐、会员举荐、个人自荐和实际考察相结合的方法，通过社会化选聘，为基层工会联合会配备了职业化工会干部。职业化工会干部工资按照本市最低工资标准的120%支付，由省、市、县（区）三级工会分别承担，其福利待遇与正式职工一样，并为他们缴纳各类社会保险。

在推进基层工会联合会建立的过程中，阳泉市总工会始终遵循联合制、代表制原则。比如，乡镇、街道工会联合会的建立，上级工会一般提名乡镇、街道党（工）委副书记或职业化工会工作者担任主席、副主席，所属部分基层工会主席作为联合会委员，根据工作需要，还吸收了工商、税务等相关方面的代表进入联合委员会。这样，就从组织上贯通了联合会与所属基层工会的联系，把联合会的根牢牢扎在了基层。

坚持按照地域相邻、行业相近的原则，全市建立起了形式多样的乡镇（街道）工会联合会，社区（村）工会联合会，楼宇、一条街、餐饮业、市场工会联合会等。其中500人以上的工会联合会全部配备了职业化工会干部。城区工会将招聘的14名职业化工会干部充实到500人以上的社区工会联合会工作，还为每个联合会选聘了1名兼职工会联络员，每月享受80~120元补贴，并把联络员作为联合会委员人选。冠山镇组建起煤业工会联合会，下辖 12 个煤矿工会；组建了建材企业工会联合会，下辖 22 个建材企业工会。这两个联合会都选聘了职业化工会工作者，很好地发挥了上级工会代行维权职责的“以上领下”、“以上带下”、“以上代下”的功能。

“一花引得百花开”，“双措并举、二次覆盖”在全国各地开花。江苏、浙江等地的建家工作紧跟基层工会联合会建设，大力开展联合职工之家建设，取得了很好的效果。

为了破解小企业工会活力不够、作用发挥不充分问题，淮安市各级工会以创建联合职工之家为平台，以区域性、行业性工会联合会为主体，联合其所属基层工会组织和会员共同开展建家活动，通过联合建立组织、联合使用资源、联合建立制度、联合开展活动，有效地发挥了小型非公有制企业工会作用。在开展联合职工之家建设活动中，淮安市各级工会坚持“以上领下”、分层建家。以工会联合会为基本单位实行联动，发挥对所属工会的龙头和引领作用，共同建家；同时，各所属工会从各自特点出发，开展建小家活动。坚持"以上代下"、层层维权。工会联合会承担基层工会难以履行的维权职能，通过联合召开集群职代会、进行平等协商和签订集体合同、劳动争议调解等，代替所属企业工会履行维权职责。坚持"以上带下"、服务职工。运用联合职工之家的阵地带动企业工会共同开展职工文化体育活动，运用困难职工帮扶站带动企业工会共同为职工群众排忧解难。

随着劳务派遣用工方式规模的不断扩大，劳务派遣行业准入门槛低，监管机制不够完善，导致劳务派遣用工的劳动关系问题也随之出现。为破解这一问题，有的企业工会开动脑筋，与劳务派遣公司签订了代管协议，让劳务派遣员工享受正式员工的福利待遇，让他们感受到了职工之家的温暖。

2004 年，四川电信公司的劳务派遣工达到 1 万多人，并呈现出比例逐年增大的趋势。为切实维护劳务派遣工的合法权益，充分调动他们的工作积极性，公司工会与劳务派遣单位工会协商达成一致，由劳务派遣单位工会委托电信公司工会管理劳务派遣工会员，劳务派遣工入会率达到

90%以上，从而使劳务派遣工找到了“家”的感觉。

“工会干部维护职工的合法权益，谁来维护工会干部的权益?”在现实生活中，基层工会干部的地位比较尴尬，维护职工的权益，“老板”不高兴；不替职工说话办事，职工不会信任你。为破解这一难题，2007 年 8 月，全国总工会出台了《企业工会主席合法权益保护暂行办法》，从体制机制上保护工会干部的合法权益。其中，要求县（区）级以上工会领导机关要设立工会干部权益保障金，保护企业工会主席的合法权益。

龙钻纸品厂是香港龙钻有限公司在深圳开办的“三来一补”企业。2007 年 5 月 21 日，龙钻纸品厂会员通过民主方式选举胡海龙为该厂兼职工会主席，杨敏江等 6 人为兼职工会委员，任期 3 年。2007 年中，刚成立的厂工会即代表员工向厂方追讨加班工资、社会保险和经济补偿金等，被工厂老板一口回绝。随后，龙钻纸品厂与员工签订劳动合同时，只与胡海龙、杨敏江签订了一份期限仅为半年的劳动合同，并在 2007 年 12 月 5 日以合同到期为由通知解除与胡海龙、杨敏江的劳动关系。按照《工会法》有关规定，基层工会的非专职主席和工会委员的劳动合同自动顺延至本届委员会任期届满，因此，胡海龙、杨敏江的任期按规定应该顺延至 2010 年 5 月 20 日。为此，深圳市总工会、宝安区总工会和公明街道总工会多次与龙钻纸品厂协调，要求厂方纠正错误做法，恢复二人的劳动关系，确保他们能正常履行工会工作人员职责。然而，龙钻纸品厂对市、区总工会的协调和正当交涉置若罔闻，拒不纠正。2009 年 12 月，深圳市总工会对该企业的这一违法行为进行了公开谴责，将其认定为违反《工会法》，侵害工会利益的典型事件，并启动社会维权机制，为胡、杨二人免费提供法律服务，并帮助其与企业打官司。2010 年 1 月 18 日，在深圳市中级人民法院调解下，龙钻纸品厂终于支付了胡海龙、杨敏江两年各 2.6 万元的工资。

会员评家，让职工说了算

“工会要真正成为职工之家、工会干部成为

工人之友”，党中央的这一重要指示，始终贯穿在建设职工之家活动中。2008 年 12 月 22 日，中央书记处再次提出“把各级工会组织进一步建成名副其实的职工之家”，为深化建设职工之家活动提出了新的要求。

为激发基层工会的活力，切实增强工会组织的凝聚力和吸引力，提高基层工会工作整体水平，2009 年 6 月，全国总工会印发了《关于开展会员评议职工之家活动的意见》。会员评家是加强基层工会民主建设的重要内容，是密切工会与会员群众联系的客观需要，是推进建设职工之家深入发展的有效机制。

会员满意度是衡量基层工会工作和建设职工之家成效的根本标准。广泛开展会员评家活动，有利于创新建设职工之家工作机制，充分调动会员群众参与工会活动的热情，使基层工会工作更加富有生机和活力。

会员评家，就是要求基层工会在同级党组织领导和上级工会指导下，通过召开会员（代表）大会，对基层工会开展工作、建设职工之家情况和工会主席、副主席履行职责情况进行评议，每年至少评议一次。

会员评家的基本内容包括健全组织体系、促进科学发展、履行维权职责、实施素质工程、服务职工群众、加强自身建设等。

会员评家前应将评议内容、评议标准告知会员，做好组织发动和准备工作，并向上级工会报告。

工会主席、副主席在会员（代表）大会上报告工会工作及建设职工之家情况，并就个人履行职责情况进行述职。会员（代表）在对工会工作、建设职工之家情况和工会主席、副主席履职情况进行民主评议的基础上，以无记名投票方式进行测评。测评可分为满意、基本满意和不满意三个等次，当场公开民主测评结果。

应把会员民主测评满意等次作为评价基层工会工作和评选先进的依据。对会员民主测评不满意的基层工会，限其一年内进行整改，整改后仍不满意的，上级工会可撤销其合格、先进、模范职工之家称号。

对会员测评不满意的工会主席、副主席，应在核实的基础上对其进行诫勉谈话，连续两年会员不满意的，应按工会章程和有关规定对其进行调整。

会员评家，激活了职工之家建设的一池春水，在各地各级工会纷纷开展起来。

漫步中原油田基地，绿草、鲜花、古树、大楼交相辉映，环境幽雅宜人；走进职工餐厅，窗明几净、宽敞整齐，饭菜风味俱全；步入职工活动室，台球室、棋牌室、图书馆、健身室等活动设施齐全；来到生产一线，能看见标准化的岗位训练基地、职工创新工作室；住进职工社区，34个服务站的工会服务窗口遍布其中……

初来中原油田的人大多会注意到，这里不仅有丰富的油气资源、规范的企业管理，更有秉持“一切为职工服务”理念的职工之家。

天然气处理厂的职工们，对此感受很深。宿舍洗不上热水澡的问题，通过工会小组反映上去，不到一周就得到了解决。

在第三气体处理厂，自工会开展会员评家以来，工会把职工的需求作为工作的出发点和落脚点，各项活动开展得有声有色，在会员民主评议中拿到了95分，且职工满意率达到100%。

“大家高兴的是，不仅工作条件改善了，更重要的是单位能够采纳我们的意见，体谅我们的难处。”谈起宿舍浴室的改善，第三气体处理厂运行班职工耿彪说，班组每月发放职工意见表并召开座谈会，“关于饭菜价格、就餐环境、活动器材配备、书籍更新等方面的意见，反映上去后，很快都得到了解决，效果特别好”。

在中原油田，每个一线职工会员都握着评家大权，有权对工会建家情况进行评议打分，提出自己的建家意见，进而感受到工会服务职工的效果。

职工之家建得好不好，8 万多名一线职工会员说了算。在当过工会主席的中原油田党委书记冷潜看来，要回答企业发展“为了谁，依靠谁”，而会员评家对此给出了很好的答案。

中原油田通过内部网络信息平台，导入建家过程“日常评”。对基层工会各项重点工作落实情况，以红、黄、蓝三色旗帜实时考核公布，相应发挥鼓励、提醒和警告作用。由此，将评家工作由“评结果”向“评过程”转移，激励基层工会组织创先争优。而各单位工会每年召开会员

（代表）大会，对所在工会的整体工作进行集中评议。

“作为国企，发展需要依靠职工，发展成果是为了职工共享。”中原油田工会副主席范锐说，越是直接地面对职工群众，工作作风、工作效果越会被职工群众直观地感受到。因此，油田始终把建家、评家的重心放在基层，让一线职工说出真实想法，敢于评说好坏。

近年来，中原油田的职工之家建设，已进一步探索建立了日常评占30%、集中评占15%、行业评占15%、党政评占5%、现场检查评占20%、创新贡献评占15%的考评机制，实行奖优罚劣。对得分85分以下的单位，工会取消参评模范职工之家资格；对得分90分以下的单位，工会实行评先降档处理，并与工会主席绩效考核挂钩。

中原油田采油四厂工会主席坦言，会员评家活动的开展，让他颇有压力，“逼着你眼睛向下，紧盯基层”。

“如果工作做不好、职工不满意，测评就过不了关，基层工会主席对上对下都不好交代。”王纪宏是中原油田的工会副主席，一名老工会工作者，对职工有着深厚的感情，经常深入基层，对开展日常评议工作以来基层工会的改变深有感触。

王纪宏说，这不仅要求各级工会把职工的愿望作为工作的导向，时刻想着职工，甘于付出“妈妈心、婆婆嘴，跑不断的两条腿”的辛苦，还要求开动脑筋，不断创新。

正是由于这种“有压力才会有动力，有动力才会出成绩”的良性机制，中原油田基层工会释放出活力，评家效应不断放大：职工会员普遍感到受重视、受尊重，更加关注工会工作、更加喜欢企业活动，主人翁意识日渐增强，建功立业的氛围更加浓厚。

一场没有硝烟的战争

2006 年，位居世界 500 强之首的沃尔玛，尽管在全球 16 个国家和地区开了 6500 家分店，雇员多达 160 万人，但这个被外媒称为“工会之敌”的零售业巨头，从未建过工会。

1996 年登陆中国以来，深圳市总工会主席上门，沃尔玛中国总部避而不见；南京市总工会要求建会，沃尔玛连拒 26 次；为抗拒建会，沃尔玛甚至放弃进驻上海……

针对沃尔玛提出的“未建立工会是由于没有员工提出相关要求”，中国工会采取了“员工战略”。

福建省泉州市总工会等各级工会组织，向沃尔玛员工开展了大量宣传活动。员工向工会靠拢的巨大向心力，最终打破了僵局——泉州市总工会收到了沃尔玛晋江店 30 名员工的入会申请书。

2006 年 7 月 29 日，晋江店工会成立，在沃尔玛各门店点燃了建会的燎原星火；

8 月 3 日深夜 23 时 30 分，沃尔玛在中国投资的第一家店——位于沃尔玛中国总部的深圳湖景店，42 名员工召开了第一次工会会员大会；

8 月 5 日深夜 23 时，沃尔玛南京新街口店 31 名会员召开第一次会员大会；

……

面对这一形势，沃尔玛致函全国总工会希望展开谈判。

8月中旬，经过全国总工会与沃尔玛行政方高层的会谈，“依法依规、合作和谐地推进沃尔玛职工组建工会”的共识被正式确认。沃尔玛中国总部发表声明称，将配合全国总工会推进在中国的所有沃尔玛分店建立基层工会组织。

此后两个月中，分布在全国30个城市62家分店里的6000余名沃尔玛员工，以几乎平均每天一家的速度，组建起工会组织。

2006年11月8日，沃尔玛（中国）投资有限公司总部在深圳高调举行总部工会成立大会。至此，沃尔玛在华的63家营运单位全部成立了工会。

“促进企业发展、维护职工权益”——以此为企业工会工作原则，中国工会展示出自身的强大力量。

“攻坚沃尔玛”引发了连锁反应。此后两年中，各地工会运用沃尔玛建会经验，推动戴尔、麦当劳等一大批外资企业建立工会，外企建会率从2006年上半年的25.9%上升到2008年上半年的73.4%。

2008年6月12日，中国工会再度发力，将目标对准了跨国公司，宣布开展推进世界500强等跨国公司组建工会集中行动，为期百天左右。

此后几个月中，中国工会共推动世界500强总部建会149家、法人公司建会1763家、分支机构建会856家，发展会员25.5万名。至此，世界500强等跨国公司在华总部累计建会313家，建会率达83%；法人单位累计建会3843家，建会率提高到85%。

沃尔玛工会成立后能否发挥作用，维护职工合法权益，同样受到国内外的广泛关注。

沃尔玛南昌八一广场分店工会主席高海涛举了这么一个例子：该店一名员工下夜班换完工作服后到商场买早餐，在征得促销员同意后，品尝了商场推出的一款免费试尝的风味小吃，被公司管理层发现。公司随即进行了调查，并认定该员工向供应商索要赠品，违反公司礼品馈赠原则。在没有充分听取该员工解释和通知店工会的情况下，公司管理层单方作出解聘决定。该员工不服，拒绝在解聘书上签字，双方发生争议。店工会得知情况后，与人力资源部进行了沟通，并阐明有关法律法规的规定。在工会的介入下，公司作出撤销解聘的决定。

“真没想到工会会站出来替我说话，没想到工会的话还真管用!”该名员工感叹道。

“我们建立了720平方米的职工活动中心，职工阅览室现有4000多册藏书，在电脑室配备了16台电脑，目前职工活动中心已成为职工业余学习娱乐的好去处。根据公司的实际和会员的要求，积极配合公司行政，适时组织职工开展多场联欢娱乐、郊游烧烤活动，丰富了职工的业余文化生活，增强了工会组织的凝聚力。”经过一年的工作后，沃尔玛晋江店工会主席柯云龙对工会工作有了更深刻的体会。

在职工之家建设活动中，沃尔玛工会积极行动，帮职工圆梦，为职工维权，涌现出一批模范职工之家、优秀工会工作者，努力给职工营造一个温暖的家……

一个主动、依法、科学维权的工会主席

他是中国成千上万基层工会主席中普普通通的一员，但在公司310名职工的眼中，长年累月骑着自行车，为职工利益奔走的瘦小身影，是他们的“主心骨”；在外方总经理的眼中，他又是处理突发事件秉持公心、面对困难凝聚人心的东方汉子。

他，就是英格索兰（桂林）工具有限公司（简称英格索兰公司）工会主席王远文。

1998年12月16日，50多名被解除劳动关系的职工把公司二楼会议室堵了个严严实实，被围在当中的正是外方总经理瓦尔。职工们的叫喊声淹没了他的翻译和人力资源部经理的辩解声。

“今天不给答复就不给他吃饭！”

“我们干了这么多年，你们来了凭什么就不要我们了？”

从上午9点到下午2点，整整5个小时，所

有人滴水未进，火药味越来越浓。

刚当选工会主席半年，正在桂林市总工会学习培训的王远文闻此消息后，火速骑上自行车赶回公司。

“我是大伙选出来的工会主席，请相信我！”王远文急急走进人群中，所有人向他投来关注的目光。

“主席给我们主持公道！”

瓦尔也忙让秘书翻译：“王，你是工会主席，快看看如何把事情平息下来。”

王远文真诚地说道：“大伙的心情可以理解，凭良心说，让谁下岗谁也接受不了，但围堵公司高层的做法不妥。”他当即提出3条调解建议，人群才渐渐散去……

每每回想起这一幕，王远文愈加明白，企业发展到今天，无论是维护职工的权益，还是推动企业的发展，都需要工会有所作为。

这些年，王远文始终记着大伙的嘱托，每年公司招工，他都将这些下岗职工的名单写上去，他们中已有40多人重新回到了公司。

1997年10月，原桂林风动工具厂改制成美国独资的英格索兰（桂林）工具有限公司，时任厂党委副书记的王远文，没有接受主管局的调离安排，选择了与全厂职工一起留下来。

很快，迷惘、生气、无奈，开始向王远文袭来。

1998 年 2 月的一天，在没有征兆的情况下，公司突然宣布职工下岗 67 名、内退 23 名。40 岁的检验员芈水秀听到部门经理让她立刻收拾东西回家时，眼泪当即掉了下来。

王远文想到了成立工会，由职工们把最信任的人选出来。

当年 6 月 25 日，由公司会员投票 199 张，王远文以 173 票当选为工会主席。第二天，看着张贴在公司门口的选举结果，王远文暗下决心，一定要好好干。那 173 张选票，他至今仍精心保存在抽屉中。

坐在工会主席的位置上，王远文抓住一切机会与公司高层沟通：企业最活跃的因素是人，只要把人的积极性调动起来，什么问题都好解决。

2008 年 9 月，英格索兰公司在金融危机中海外订单骤减 50%，公司高层考虑裁员、减薪。一时间，公司人心惶惶，有人不辞而别，有人四处寻找出路，一些生产骨干、技术主管也开始动摇。

那段日子，王远文经常泡在车间里，和职工分析形势，给大家鼓气：“‘大河有水，小河满，大河无水，小河干’，企业就是大家赖以生存的大河。”

王远文积极参与市总工会组织的“共同约定”行动，与公司达成了“不裁员、不减薪”的约定。稳定了人心，王远文又号召职工开展节能活动，当年就为公司减少成本开支64万元。

2009年下半年，公司成功抵御了危机冲击。2010年一季度，公司销售收入同比增长53.1%，取得了10年来最大增幅。

时任公司总经理李建辉刚到任两个月，就听说了不少关于王远文的故事，他感叹道：“在公司最困难的时候，是工会帮我们渡过了难关。2010年上半年，公司取得了英格索兰在亚太地区最好的业绩增长，工会组织起到了很好的桥梁纽带作用。”

当工会主席难，难在发生劳资纠纷时，工会

主席有没有胆量挺直腰杆，依法为职工维权。

2002年底，公司续签劳动合同，但所有的意见反馈表只注明期限一年，职工只能在愿意与不愿意上打钩。

戴大平等23名在公司连续工作10年以上的职工，提出要与公司签订无固定期限劳动合同。

人力资源部经理说："只能签一年，15分钟后你答复我，不答复你就马上给我走人！"

戴大平气红了脖子："我要告你们！"

几天后，戴大平再去找人力资源部经理沟通，一踏进办公室，便看到公司的法律顾问坐在旁边，准备记录他们的对话，那一刻，戴大平知道，除了打官司，他无路可走了。

王远文和桂林市总工会几经努力无果后，帮职工们找来了律师，支持23名职工与公司"对簿公堂"。

在公司施加的压力下，18名职工撤诉了。王远文对剩下的5名职工说，只要有1名职工不撤诉，他就一定陪走到底。

翻档案、查资料、找律师、咨询专家，十几天下来，王远文消瘦了近10斤。

2003年5月，终于到了开庭的日子。王远文走到半路，手机响起，当年的副厂长、选择和他一起留厂的唐承兴在电话里担忧地劝说："远文啊，不要参与这事了，公司会对你不好的。"

王远文继续前行，遇到当年的一位老领导，听闻他的去向后也说："你搞这事干什么？"

王远文平静地说："这是我的职责啊，不为职工说话，还当什么工会主席！"

官司持续了两个月，法庭最后判决，英格索兰公司无条件与5名职工签订无固定期限劳动合同。随后，在王远文的反复交涉下，公司陆续与包括撤诉职工在内的23名职工改签了无固定期限劳动合同。

7年后，已担任装配部生产主管的戴大平对王远文很是感激："当年若是没有王主席的支持，我们也许会放弃，那就没有现在的岗位了。"

女工廖顺香在机床上测量产品尺寸时，袖子不慎被砂轮卷了进去，右手臂粉碎性骨折。当听说公司不打算帮廖顺香申报工伤时，王远文当即跑到车间调查："廖顺香的操作符合规范吗？事发时她有没有穿戴劳保用品？"

得到肯定的答复后，王远文对车间负责人说："你帮我把所有资料准备好，我明天就跑劳动局，这事我要管到底！"

第二天，没等王远文出门，公司就派人拦住他，表示马上给廖顺香办工伤。

3 年后，看到手臂内仍留有钢板的廖顺香无法重返岗位，王远文又协调行政将其调到园艺岗位。

59 岁的林升侨是 20 世纪 60 年代归国的华侨。11 年前的一个雨天，他在湿滑的厂区摔倒，右脚跟粉碎性骨折，当年，林升侨的妻子因病去世，家中还有老母亲和两个上学的孩子，日子过得十分艰难。

王远文帮他协商治疗费用，到侨联寻求支持，帮他办理工伤，并作为公司特例帮他办理内退手续。

"这些年，有什么困难全靠主席帮忙！"林升侨和 84 岁的老母亲热情地将王远文迎进家门，在屋里煮起了印尼咖啡。

面对职工的感激，王远文总感到不自在，"既然大家选了我，我就要认认真真为大家办事，把职工当兄弟姐妹”。

为了更好地解决职工的诉求，王远文探索出向行政发“建议书”的办法，12 年来，他发出的“建议书”已编到 327 号。通过那厚厚一摞的“建议书”，职工们享受到了免费体检、旅游参观、带薪休假……

12 年来，他把对职工的点滴牵挂写进工会日记里，时至今日已近 3000 篇，逾 50 万字。12 年来，他放弃了 8 次调动工作的机会，清贫地坚守在工会主席的岗位上。

在企业和工会的努力下，英格索兰（桂林）工具有限公司被评为广西“双爱双评”先进企业，公司工会被评为全国模范职工之家，王远文同志先后荣获桂林市优秀工作者、广西壮族自治区优秀工会工作者、广西壮族自治区五一劳动奖章、全国优秀工会积极分子、全国五一劳动奖章等称号。

全国总工会印发了《关于开展向王远文同志学习活动的决定》，号召广大工会干部向王远文同志学习。

学习他服务科学发展、主动维权的坚定信

念，坚持把职工维权融入推动企业发展、促进劳资关系和谐的具体实践，心系全局，积极作为，充分发挥工会作为党联系职工群众桥梁纽带作用，在改革发展稳定中作出工会应有的贡献。

学习他无私无畏、依法维权的卓越胆识，不计个人得失，忠诚履行职责，始终坚持运用法律武器为职工说话办事，切实维护好职工的劳动经济、民主政治权利和精神文化权益，进一步提高工会维权工作实效。

学习他善于沟通、科学维权的工作方法，勤奋学习，多谋善思，悉心把握工会维权的时代特点和规律，不断提升工会维权工作的科学化水平。

学习他心系职工、服务职工的优良作风，时刻把职工群众的安危和冷暖放在心上，心为职工所想，情为职工所系，利为职工所谋，满腔热忱地为职工办实事、做好事、解难事，真正成为职工群众的贴心人。

这一阶段，建设职工之家主要是按照促进企事业发展、维护职工权益的原则，向所有基层工会全面推开。各级工会着力加强规范化建设，把建会、建制、建家紧密结合起来，把“健全组织体系、促进科学发展、履行维权职责、提高职工素质、服务职工群众、加强自身建设”作为标准，深入开展建家活动，不断激发基层工会活力，充分发挥基层工会作用。

第五章

不忘初心

党的十八大以来，以习近平同志为核心的党中央始终关心关爱工人阶级，高度重视并大力推进党的工运事业和工会工作。习近平总书记每逢“五一”国际劳动节都以不同形式向广大劳动群众致以节日祝贺，每到一地考察都深入基层看望劳模工匠、慰问职工群众；领导召开党的历史上第一次中央党的群团工作会议，亲自指导谋划产业工人队伍建设改革和工会改革，亲临全国总工会机关与劳模代表座谈，多次给劳模、一线职工回信，向首届大国工匠创新交流大会致贺信，提出了一系列新思想新观点新论断，为党的工运事业和工会工作领航掌舵、把关定向。

习近平总书记指出，时代在发展，事业在创新，工会工作也要发展、也要创新。要顺应时代要求、适应社会变化，善于创造科学有效的工作方法，让职工群众真正感受到工会是职工之家，工会干部是最可信赖的“娘家人”。这些重要论述，为推进新时代职工之家建设指明了前进方向、提供了根本遵循。

新时代，职工之家建设朝着服务化、体系化、品牌化、创新化、数字化的方向迈进。建家制度更加完善，制定了职工之家建设的一系列指导性文件，建立健全以“双亮”为前提、以“六有”为基准、以“双争”为动力、以“评家”为手段的制度体系，为加强职工之家建设提供了基本遵循和政策指引。建家机制更加有效，积极探索物质鼓励、荣誉激励等方式，推动建家工作常态化、长效化、机制化。建家成效更加彰显，积极探索“会、站、家”一体化建设、网上职工之家建设、联合职工之家建设，开展星级职工之家、示范职工之家等评选活动，形成了各具特色的职工之家品牌。通过各种方式的职工之家创建活动，工会基层基础进一步夯实，工会活力进一步激发，履职能力进一步增强。

职工之家注入新活力

党的十八大以来，中国改革开放逐步进入攻

坚阶段，发展进入关键时期，问题增多、矛盾凸显，经济社会发展既面临难得的机遇，也面临严峻的挑战；既蕴含着巨大潜力，也承受着人口资源环境、社会和谐稳定等方面的巨大压力。党中央立足国情、适应新的发展要求，制定了全面推进现代化建设的“十三五”、“十四五”发展规划，制定了一系列攻坚克难、着力于解决突出矛盾和问题的改革举措。

在改革开放和发展中国特色社会主义的历史进程中，中国工会不断探索形成了中国特色社会主义工会发展道路。中国工会第十六次全国代表大会于 2013 年 10 月 18 日至 20 日在北京举行，这次大会明确提出我国工人运动的时代主题是，为实现中华民族伟大复兴的中国梦而奋斗。

工人阶级队伍日益壮大，农民工成为产业工人的主要力量，“80 后”、“90 后”新生代农民工逐渐成为农民工的主体。劳务派遣工人数大幅度增加，劳动用工以非公有制及混合所有制企业为主，劳动关系的矛盾冲突显性化和常态化。

建会和建家相当于车轨和火车，建会主要是“铺设车轨”，建家主要是按照轨道“跑火车”。

基层工会面临的新情况新问题对建家工作提出了新任务新要求。随着各类基层工会组织的迅速发展，特别是大量非公有制企业工会组建之后，对夯实基础工作、发挥工会作用提出了新的要求；大量农民工成为职工队伍新成员，维护工人阶级团结统一和职工队伍稳定的任务更加艰巨。

基层工会组织建设和发挥作用的现状，迫切要求在抓好组建工作的同时，进一步把工作着力点放在基层工会发挥作用上，充分运用建家这一有效载体，推动各个领域、各种类型基层工会全面开展建家活动，做到哪里有职工，哪里就要建立工会组织，哪里有工会，哪里就要开展建家活动，最广泛地把建家活动覆盖到每个基层工会组织，最充分地激发出每个基层工会的活力。

2013 年 3 月 29 日，纪念党中央作出建设职工之家重要指示 30 周年座谈会在京召开，会议指出，建家工作 30 年的生动实践充分说明，坚持党的领导是开展建家活动的政治保证，坚持围绕中心服务大局是开展建家活动的根本任务，坚持与时俱进、锐意创新是开展建家活动的强大动力，坚持依靠职工群众是开展建家活动的内在要求，坚持抓好工会自身建设是开展建家活动的关键环节。要在建家内容上有新发展，在建家方法上有新举措，在建家机制上有新思路，在以建家促建会上有新突破。

“双亮”、“六有”、“双争”

职工遇到困难，找谁？企业或者工厂的工会主席是不是应该站出来，拍着胸脯响亮地说：“找我！”

这一阶段，企业工会特别是非公有制企业工会的组建得到快速发展，但也有不少非公有制企业工会在组建时，宣传动员不够充分，履行程序不够规范，工会作用没有得到很好发挥。

为进一步加强基层工会规范化建设，充分发挥基层工会作用，2012 年，全国总工会印发了《关于在企业工会实施“工会组织亮牌子、工会主席亮身份”的意见》，在企业工会特别是非公有制企业工会实施“工会组织亮牌子、工会主席亮身份”（以下简称“双亮”）。

“工会组织亮牌子”，“亮”的重点是工会名称、办公地点、工作职责和工作制度等。比如，工会办公地点应有明确标示，并在企业宣传橱窗、厂务公开栏、会务公开栏、企业网站、职工食堂等一处或多处明显位置公布。

“工会主席亮身份”，即企业工会主席、副主席要佩戴胸卡、戴牌上岗、印发联系卡、设置办公桌牌、公布联系方式等，以一种或多种形式亮出身份。

福建是“双亮”工作的发源地。从 2007 年初开始，福建省总工会在全省非公有制企业中开展了“双亮”活动，工会组织由“隐形”变为“显形”、工会干部由“幕后”走到“台前”，如今已成为加强非公有制企业工会规范化建设的有力抓手、促进非公有制企业工会发挥作用的有效载体。

“原来是‘一年到头事不多’，现在是‘一天到晚忙不停’”福建海川监理有限公司工会主席刘金菊正忙着准备高温慰问时说。他还说，自从开展“工会组织亮牌子示职责、工会干部亮身份许承诺”活动以来，公司工会知晓率明显提升，职工食堂、职工活动中心等都是在开展这一活动后，根据职工的诉求，由工会向公司行政反映并促成建立起来的。

“在几千人的企业公布自己的身份和手机号码，压力之大可想而知，这意味着责任，不仅需要激情，更要信心、爱心和耐心！”富贵鸟（中国）有限公司工会主席章海木说，“双亮”活动激发了我们的使命感、责任感和想事干事的热情。

为让非公有制企业工会有为有位，福建工会在大力实施“双亮”工作，推进基层工会规范化建设进程后，把重点放在“亮作为”上。抓住职代会、厂务公开等企业民主管理的基本制度，切实维护职工的民主权益；通过工资集体协商，维护职工经济权益；加强文化阵地建设，丰富职工文体生活；围绕职工现实需求，开展服务帮扶活动，扩大工会组织影响力。

福建飞远城市配送有限责任公司 2009 年 10 月开展“双亮”活动后，着力回应职工需求与诉求，开展工资集体协商，帮助全部职工签订劳动合同，每年举办一场职工岗位技能竞赛，打造了一支高凝聚力的团队，提升了企业的精神面貌，2010 年被评为福建省职工之家。

“用最直观透明、看得见摸得着的方式让职工进一步了解工会，有利于提高建会质量，巩固建会成果，推动企业工会特别是非公有制企业工会打牢规范化建设的根基。”福建省总工会党组书记、常务副主席路平说。

全国总工会在总结福建工会“双亮”工作的基础上，将“双亮”纳入建设职工之家活动的重要内容，向全国企业工会提出实施“工会组织亮牌子、工会主席亮身份”的要求。一石激起千层浪，各地纷纷动员部署，共同推进，取得了很好的效果。据不完全统计，截至 2013 年底，全国企业工会实施“双亮”已达 90% 以上，更加激励了工会干部。

牌子要亮，工作要“亮”。“工会组织亮牌子、工会主席亮身份，说白了，就是‘自找麻烦’，但是，这样的‘麻烦’必须找，因为它是工会义不容辞的职责和使命。”长春市经济开发区工会联合会主席高立东说。

这位基层工会干部，早在数年前就把自己推

到了职工当中。每次走访企业和职工，高立东都会带着一摞维权卡、工作服务卡向企业负责人和职工发放，卡片上不仅注明了工会的职责和任务，还写上了自己的所有联系方式。高立东记不清曾接到过多少职工求助电话，也数不清给职工解决了多少件难事儿。

“24 小时不关机，随叫随到。”这是山西省太原市小店区北格镇工会主席曹晓斌每次给农民工们散发名片后不忘补充的一句话。而他的手机号已成为当地务工者心中的“维权 110”。从事工会工作 10 年，他一共给农民工发放了 5 万多张名片，解决维权事件 2000 多件，为农民工讨薪 4000 多万元，先后骑坏 5 辆自行车。如今，走进北格镇，人们很容易就能看到，在所有企业的醒目位置上都有一个 1 米多高 3 米宽的维权大牌子，上面写着曹晓斌的联系电话。

闽南一家非公有制企业工会主席，以前总跟人说“工会工作一年到头没啥事”，自从他在工会办公室门口挂起工会牌匾、向职工公布了自己的电话号码后，各种事情很快找上门来。半年的时间里，他就协助职工签订劳动合同 141 份，举行文体活动 4 场，慰问困难职工 17 人，帮 47 名职工购买回家车票……后来，他的“抱怨”变成了“一天到晚忙不停”的工作。

为深入贯彻习近平总书记系列重要讲话特别是关于工人阶级和工会工作的重要指示精神，进一步夯实工会基层基础，增强基层工会组织吸引力凝聚力，2014 年 7 月，全国总工会印发《关于在新形势下加强基层工会建设的意见》，提出了“六有”工会建设。

“六有”工会：有依法选举的工会主席，建设心系职工、善于维权、开拓进取的骨干队伍；有独立健全的组织机构，完善工会委员会、经费审查委员会、女职工委员会等组织；有服务职工的活动载体，满足职工的多样化需求；有健全完善的制度机制，实现工会工作的群众化、民主化、制度化、法制化；有自主管理的工会经费，真正用于服务职工和工会活动；有会员满意的工作绩效，切实让职工群众感受到工会是职工之家。

为贯彻落实《关于在新形势下加强基层工会建设的意见》，2015 年 6 月，全国总工会在总结江苏工会开展“争创模范职工之家，争做优秀工会干部”活动的基础上，印发了《关于在全国基层工会广泛开展“争创模范职工之家、争做职工信赖娘家人”活动的通知》（以下简称“双争”活动），号召广大基层工会组织和工会干部，围绕七个方面，加强和推进基层工会工作。

做依法规范建会的模范、做组织服务农民工的模范、做教育引导职工群众的模范、做团结动员职工群众建功立业的模范、做维护职工合法权益的模范、做服务职工群众的模范、做“忠诚党的事业、竭诚服务职工”的模范。这是“双争”活动的主要内容。

2014年以来，江苏省总工会全面开展“争创模范职工之家，争做优秀工会干部”活动，以此进一步激发基层工会活力，服务职工群众，取得了很好的效果。

江苏省总工会有关领导说，组建工会、发展会员只是第一步，关键是要把工会工作真正做到职工群众中去，使工会组织真正成为职工群众信赖的职工之家，使工会干部真正成为听党话、跟党走、职工群众信赖的“娘家人”。

引领各地工会开展“双争”活动，江苏省总工会出台了《关于在新形势下深化职工之家建设的意见》等系列文件，将职工之家建设作为发挥基层工会作用、激发基层工会活力的综合载体，把过去分散在职能部门考核的重点工作统一整合到职工之家建设之中；将职工之家建设向联合基层工会、县（市、区）以下区域、行业工会拓展，首次将县（市、区）总工会纳入建家范围。省总工会提出，3 年至 5 年，争取使全省 85%以上的基层工会建设成为合格职工之家，其中 30%建成市级以上模范职工之家。同时，建立了建家工作的激励约束机制，推动常建常新。

江苏省总工会还开展“寻找职工信赖的娘家人”大型宣传活动，编印了《优秀基层工会干部风采录》，通过选树先进典型，引导全省 40 多万专兼职工会干部当好职工“娘家人”。

盐城市总工会开展“联手兴家”活动，组织全市近 800 家各级模范职工之家单位联手 1500 多家基层工会，互学互帮。调研问卷显示，全市工会会员评家满意率在 90%以上。镇江市总工会开展“六型”职工之家建设，扬州市总工会开展

“活力基层工会”评选活动，海门市总工会形成“1+2+N”的镇级工会干部配备新模式，徐州市总工会联合市委组织部选聘大学生村官兼任社会化工会工作者，滨海县总实行工会干部问责制……各地工会“双争”活动精彩纷呈。

2020年8月10日，中华全国总工会办公厅关于印发《全国模范职工之家、全国模范职工小家、全国优秀工会工作者评选表彰管理办法》的通知，对模范职工之家的表彰原则、评选表彰范围和基本条件、评选表彰周期和基本程序以及监督管理服务等作出明确的规定，把全国模范职工之家评选表彰工作纳入制度化规范化的轨道，为选树典型、引领职工之家建设提供了制度保障。

做实叫响职工之家品牌

这一阶段，各个地方积极适应新时代的建家工作任务，因地制宜，因企制宜，真抓实干，各显神通，形成了“万紫千红春满园”的盛况。时任中华全国总工会党组书记、副主席、书记处第一书记陈刚，多次调研职工之家建设，充分肯定各地工会的建家工作。重庆市总工会提出“效益（绩效）之家、文明之家、民主之家、温暖之家、安康之家”，湖南省总工会大力建设“规范、和谐、温暖、平安、创新”的“五型”职工之家，北京市总工会推进“会、站、家”一体化建设，都取得了良好成绩。

四川省总工会坚持“实体强家”，让职工群众找得到家。他们研究制定全省职工之家实体化阵地建设规划，明确职工之家阵地“十有”标准，切实做到“五个规范”，即规范标识标志、规范功能设置、规范管理制度、规范经费保障和规范活动开展，为职工之家阵地建设提供重要参考和基本遵循，有效解决了部分基层工会“空转”现象，把职工之家阵地真正建设成为宣传工会组织和工会工作、联系服务职工群众的阵地窗口。

同时，四川省总工会按照“突出重点、点面结合、开放共享”的思路，抓住“三个结合”，即把党建阵地与职工之家阵地建设相结合，把

“主体”职工之家阵地与“共享”职工之家阵地建设相结合，把“固定”职工之家阵地与“流动”职工之家建设结合起来，整合优化资源，合力推进职工之家阵地建设，实现“1+1>2”，为广大职工提供更多优质服务。全省共在工业园区、商务楼宇、八大群体行业企业等，建立贴近职工需求、功能设施实用、深受职工认可的职工之家阵地 5300 余个。

在解决基层工会经费欠缺的问题上，四川省总工会建立职工之家阵地建设经费分级负担机制，把职工之家阵地建设所需经费，纳入省、市、县、企事业单位四级工会预算，共同筹集职工之家阵地建设和运行经费。2018 年以来，四川省总工会每年设立 1000 万元专项经费，带动各地、各产业、各企事业单位投入资金 3. 57 亿元，为职工之家实体阵地建设提供了有力保障。

针对农民工成为产业工人的主要力量这一现实，各地把农民工这一弱势群体作为建设职工之家活动的重点对象，加大工作力度，使职工之家的温暖浸润农民工的心田，工地职工之家成为农民工新家。

上海建工七建集团有限公司在天津的于家堡03-16地块、雪优花园等项目的职工宿舍装上了新的空调、电视，职工老刘特别高兴：“今年中秋和国庆双节我都没回老家，而是邀请同在天津打工的老乡到我的‘新家’过节。‘新家’就是工地宿舍，这里可比老家‘豪华’多啦！”

老刘的“豪华”工地宿舍有“一线、两堂、三室、四房”，包括网线，职工食堂、职工夜校，阅览室、活动室、保健室，淋浴房、洗衣房、晾晒房、夫妻房等。老刘住的是夫妻房，一切服务都由工地工会小组和职工之家打理，既规范又方便，而且一切都是免费的，老刘已经把这里当成自己家了。

像老刘一样，很多农民工都感受到了工会组织给予的关怀和温暖，用他们的话来说就是：“这是一个不一样的工地。”不一样体现在很多方面：在这里，农民工可以通过内部局域网、微信、电子邮箱等渠道，及时有效地向工地工会小组和职工之家反映诉求，小到职工食堂的菜单改进，大到农民工的法律维权，只要合情合理，工会小组和职工之家都会尽最大努力解决。在这里，下班之后工友不仅可以聚在一起打牌，还可以去阅览室学习，更有工友报名参加了夜校培训……“我走南闯北这么多年，在这个工地，我能感觉到自己是正式工人，很体面、有尊严。”一位工人感叹。

上海建工七建集团工会一直致力于推进农民工入会行动，建会建家工作并重，在项目工地上开启职工之家现代管理模式，实现了“会、站、家”一体化建设，不但让2000多名农民工在工地过上了“现代生活”，更让他们心中充满了归属感。据了解，目前上海七建职工之家建设已覆盖了京津冀三地所有项目工地，建会率达到100%。

一直以来，上海建工七建集团就特别重视农民工权益的维护。据上海建工七建集团京津区域公司工会主席介绍，建筑行业劳动强度大、作业环境差、生产危险性高，而且农民工流动性强，为了让这些城市建设者们的权益得到最大限度的维护，尽快融入城市生活，上海建工七建集团工会不断细化建会建家工作。

“一方面，要让农民工有组织、有‘娘家’；

另一方面，我们要从物质和精神上尽量满足农民工的需求。因此，我们的工地开到哪里，工会组织、职工之家就建到哪里，每个在建项目都是如此。这样一来，农民工找工会组织更便捷，工会服务农民工更直接。”上海建工七建集团工会用制度规范职工之家建设，通过现代传媒手段与农民工建立双向沟通渠道，优化困难帮扶制度搭建诉求表达平台，把建会建家融入企业中心工作、融入建设一线。

数字化赋能职工之家

随着世界多极化、经济全球化、文化多样化、社会信息化深入发展，互联网越来越成为人们学习、工作、生活的新空间，越来越成为获取公共服务的新平台。国家互联网信息办公室对外发布了《数字中国发展报告（2022年）》，报告显示，截至2022年底，我国开通5G基站231.2万个，5G用户达5.61亿户，全球占比超60%，网民规模达10.67亿，互联网普及率达75.6%。

在互联网新理念、新模式、新技术与经济社会各领域深度融合的当下，中国工会也不甘落后，提出要打造全国工会系统服务职工网络载体，推动网上网下互动融合，使职工得到工会更方便、更有效的服务。

主动适应信息化和新媒体广泛应用的新趋势，运用“互联网+”思维创新工会维权服务工作，是破解工会组织管理模式陈旧、运行机制僵化、活动方式单一的有效途径。做好“互联网+”工会工作，对于提高工会组织在职工中的吸引力、凝聚力，进而增强工会活力，推动工会创新发展都具有十分重要的现实意义。

“互联网+”是一股潮流，各行各业都在拥抱“互联网+”，这股变革在经济领域、社会领域都有不同的表现，碰撞出多彩的火花。工会“互联网+”不能仅仅是喊出一句口号、表达一种姿态，更多的是要找准互联网和工会工作的结合点，形成全新的、以互联网为基础的工会工作形态。

各级工会以数字化为支撑赋能职工之家升级，强化数字化思维，掌握运用数字化工具，全维度、全领域、全链条加快数字化转型，实现数字化赋能，构建工会网上工作新形态，打造工会工作升级版。以工会工作服务化、体系化、品牌化、创新化、数字化为主要路径，朝着工会工作现代化的目标奋勇前进。

职工之家不仅要建在社区里、企业中，还要建在职工的指尖上。伴随“互联网+”的日益深入应用，上海工会正力图打造指尖上的职工之家，让工会工作变得“触手可及”。职工在任何时间、任何地点，只要动动手指，就能享有工会的服务，感受工会的温度。

适应“职工群众在网上”的新趋势，工会工作日益拓展到网上和移动终端。通过微信、微博等新媒体平台，维护职工权益、解读劳动法律法规，拉近与职工的距离，已经成为上海工会的普遍做法。上海各级工会不断深化网上服务，并摸索出了一些创新做法。比如，“申工社”正式升级，“服务大厅”涉及职工互助保障、找工作、参加文体活动等十多项功能；浦东新区总工会推出“云服务”，为职工提供“私人订制”服务。

综观这些举措，无不是以职工需求为导向。

不管是微博、微信推送的内容，还是服务职工实事项目的选择，都强调贴近职工需求，注重职工的反馈和互动。在表达方式上，则顺应当下职工的特点，以直观的方式和亲切的语言，贴近职工群众。

内容形式的变化，折射出工会干部服务意识的改变。越来越多的工会服务窗口被搬到网络。随着这样的网上职工之家越来越多，工会的“生物钟”与职工“生物钟”的步调注重更加一致——职工下班了，工会的网上服务不下班；职工休息了，工会的网上活动虚位以待。

新媒体的广泛运用，也驱使工会干部不断提高运用网络开展群众工作的意识和能力。在建立线上平台的同时，工会干部要对线下工作流程进行优化重组，建立配套机制，使线上线下相互促进、有机融合。工会和其他社会组织之间，要努力实现信息共享，以信息数据库为基础建立平台，打破空间和部门限制，提升工作效率。比如，在工会组建和发展会员方面，可以打破传统的入会方式，开辟网络在线申请、手机 App 申请等多种便捷的申请入会方式，可以建立统一的会员信息数据库。再如，在职工民主管理方面，可以在规定时间内实现网上签到，浏览提案，提出意见，表决事项等，提高职工的参与热情。

为适应职工群众在“互联网+”时代的现实需求，各地充分运用现代信息技术和新兴媒体，构建起“大数据、大平台、大队伍、大服务”的普惠性服务职工工作体系，推动了建设职工之家活动在“互联网+”时代的转型升级，职工之家获得了更多职工的信赖。

“职工在线”是广西壮族自治区总工会重点打造的服务职工网络平台，是职工反映问题和诉求的“绿色渠道”，被职工群众称赞为网上职工之家。主席信箱、维权救助、有事要问、职业安全……在电脑上打开“职工在线”，便发现平台分类众多，十分方便职工群众咨询投诉。对于每一位职工群众在网上提出的诉求，自治区总工会要求各单位、各部门高度重视，明确专人每天通过服务平台与职工交流互动，倾听呼声，回应热点；对职工群众提出的意见、建议和诉求，要按照业务分工、属地管理的原则，及时回复职工；工会工作职责以外的民生诉求，立即转交相关部门和单位，让问题得到及时解决或答复，真正做到职工反映的问题条条有回复，关心的事情事事有回音，成为职工维权的有效渠道。

“工作在哪里、学校就在哪里、梦想就在哪里”，这是职工驿站 App 始终秉承的工作理念。职工驿站 App 是一个为广大职工提供教育、培训、活动等服务的网络平台，是一所职工可以随身携带的“移动学校”，通过移动终端把广大职工直接联系起来、组织起来，随时随地参加教育培训和各项活动，提高技能水平与综合素质，让职工感受到工会组织的温暖，感受到工会组织就在身边。职工驿站 App 始终坚持正能量传播价值导向、坚持公益服务宗旨、坚持职工需求导向、坚持优质的服务目标，把技能培训与素质教育相结合、技能培训与学历教育相结合、线上教育与线下实践相结合、单向传递与多向互动相结合、教育培训与工会活动相结合，为职工提供个性化、多样化、全方位的一站式服务。

“水之不涸，以其有源也；木之不拔，以其有本也。”从职工需求出发，以职工满意为标准，网上职工之家建设就会有蓬勃生机和活力。

让工会服务一键直达

陕西工会紧扣互联网发展新形势，坚持以职工为中心，以移动互联网为手段，按照“需求导向、迭代推进、创新转型、协同发展”的建设思路和“政治性、公益性、服务性、参与性”的工作定位，把网上工作作为工会联系职工、服务职工的重要平台，建设形成了“三大入口、十三个平台、一个中心、二个商城”的具有陕西特色的智慧工会架构。

平台于 2020 年 10 月 21 日上线，目前 App 下载量超过 800 万次，注册用户 150 余万人，发稿量 72849 条，阅读量达 6611.6 万，初步构建了工会基础数据全省统一、工会基本业务全省通办、工会普惠服务全省共享的陕西工会网上服务职工工作体系。

网上工会建设以“网络强会、服务职工”为目标，突出“工”字特色，聚焦职工所需所想所盼，通过流程再造，上线工会业务功能模块，同时链接第三方服务功能，实现工会网上服务常态化、精准化、智能化。

“陕西工会”App、陕西工会微信公众号、省总工会门户网站服务大厅构建起服务职工的综合体，提供包含网上入会转会、法律维权、互助保障、心灵驿站、就业服务、技能培训等30多项在线服务，方便职工随时随地找资讯、找组织、找服务、找援助、找专家、找工作、找活动。

货车司机王力就是通过“陕西工会”App加入工会的，他说：“多方有了网上入会的方式，因为我很难有一天的时间去咨询，或者去某个地方填一个表格，那样太费时了。”

与此同时，“陕西工会”App链接了“学习强会”、劳模馆、工匠馆、工人疗养院等多种工会资源，“工人疗养院”提供疗休养出行优惠、在线抢购职工福利价温泉券；“健康服务”提供预约挂号及健康咨询等多种优质医疗资源；“陕西工运史电子博物馆”接入西安市劳模精神展示馆，实现在线VR浏览；全新的职工书屋，为广大职工提供畅销图书5万余册、电子期刊3500

种，还有讲座、绘本、文化慕课等免费资源。

结合职工需求，工会福利柜将自动贩售机、职工福利体系创新集成，工会会员可以通过“陕西工会”App，参加各级工会线上活动获取积分，线下兑换种类多样、物美价廉的商品及消费帮扶产品；求学圆梦报名系统，为农民工会员提供学历补贴申请入口，助力他们逐梦远航。

“我最喜欢的是职工书屋板块，上千部的儿童绘本，不仅可以播放图画内容，更能播放语音，我的孩子特别喜欢听读这些故事，给我们的亲子时光增加了很多乐趣。”一位网名叫“清风徐来”的职工会员留言道。

依托“陕西工会”App，省总工会盘活工会数据、融合政务数据、链接社会资源，用工会资源撬动社会资源，扩大普惠职工覆盖面，提升工会普惠服务水平。

“陕西工会”App 上线以来，月月有活动、逢节送福利。连续三年春节开展系列惠工活动，打造“礼赞劳动 乐享出行”五一品牌活动，结合“三八”、“六一”、“七一”等节庆，多次开展 1 元观影、亲子门票免费领、党史知识竞答等活动……撬动社会资金5000余万元，累计开展活动180余项，惠及职工700多万人次，多种多样的普惠活动让职工时刻感受到工会就在身边。

为了助力脱贫攻坚，陕西省网上工会打造了定制化消费帮扶商城，累计推出100余种年节大礼包，投入专项消费帮扶资金分批次向全省职工会员发放优惠券，同时开展1元抢油、0.99元抢面粉等活动，先后抽取发放200部手机回馈广大职工会员。商城线上交易额已突破2亿元，职工在享受工会福利的同时也为消费帮扶、乡村振兴贡献了力量。

“没想到‘陕西工会’App的功能这么强大，工会的服务这么智能，原来咱们工会的工作还可以这么开展！”来自杨凌农科集团工会的刘娜在系统了解了“陕西工会”App后感慨地说。

“往职工中走，往心里做，往实处落”是陕西省总工会服务职工的宗旨，也是陕西工会网上工会建设一直以来的方向标。“陕西工会网上服务平台”连续三年被评为全国“互联网+工会普惠服务”省级十佳平台。未来，省总工会还将积极探索普惠新模式，打造工“惠”生态圈，把普惠服务工作做到职工心坎上。

共享职工之家

2023 年 4 月，辽宁省总工会对“共享职工之家”建设给出指导意见，要求建设街道社区、产业园区、商圈楼宇等劳动者聚集区，争取多方资源手段，提高工会服务覆盖面，要具备思想引领、建会入会、技能提升、权益维护、帮扶救助、文体娱乐、休闲服务、志愿服务等综合性服务功能，要打造成为区域性工会服务阵地。

在沈阳市沈北新区正良街道的“共享职工之家”，饿了么外卖配送员咨询了灵活就业人员如何缴存公积金，随后作为社区安全志愿者参与了电信、燃气安全宣传。如今在辽宁，像这样的新就业形态劳动者，可以就近一站式享受政务、工会、社区服务。

2022 年以来，沈阳市在沈北新区先试先行，利用社区用房在街道社区建起“共享职工之家”。

建设过程中，工会除提供劳模创新工作室、劳动人事争议调解室、职工书屋、职工文体活动室、职工讲堂等工会服务外，还与蜂行驿站（户外劳动者休息站点）、两代表一委员工作室、小区党群服务站等阵地充分融合，一站提供便民服务、文体活动、就业培训、法律服务、驿站休息等20多个职工学习活动休闲专区。

2022年9月，盘锦市总工会在盘锦市兴隆台区橘子广场B座商业街建起了“共享职工之家”。由于环境好、位置便利、人流量大，市总不少服务和活动都在这里开展。当地工会与盘锦交通文艺广播电台联合举办“职工读书会”，与律师事务所合作设立劳动争议化解工作室，还有心理咨询师开办的心理卫生知识讲座，受到广大新就业形态劳动者欢迎。

“共享职工之家”的建设，最大限度吸纳了新就业形态劳动者入会。最近一段时间，前来大连甘井子区总工会咨询入会的快递小哥有很多，他们都感慨“工会想得太周到了”。

截至目前，辽宁共有货车司机、网约车司机、快递员、外卖配送员四类新就业形态劳动者工会会员近 32 万人。有关人士表示，有了更多的“共享职工之家”，工会组织联系服务新就业形态劳动者将有更好的条件和阵地。

十面红旗，十大标兵

评选全国模范职工之家红旗单位、全国优秀工会工作者标兵，是建设职工之家历程中的一个创新做法。2011 年，全国总工会按照优中选优的原则，从历届全国模范职工之家单位和全国优秀工会工作者中，分别评出了 10 个单位和 10 名个人，当时称为“十面红旗，十大标兵”，并授予全国五一劳动奖状和奖章，组织了事迹报告团到地方进行巡回报告，并产生了较大的影响。

各级工会广泛学习宣传“十面红旗，十大标兵”先进事迹，激励基层工会组织、工会工作者和广大干部职工比技能、比作风、比业绩。

2013 年 8 月，再次评出“十面红旗，十大标兵”。2015 年 12 月，相应增加了名额，评出 30 个全国模范职工之家红旗单位和 30 名全国优秀工会工作者标兵。2018年9月，再次评出“十面红旗，十大标兵”。他们都是基层工会组织和工会干部的先进代表，集中体现了建设职工之家活动的丰硕成果。

峰峰集团工会坚持用新载体深化建家，充分彰显新时代模范职工之家建设的优势作为。

峰峰集团的职工之家建设历来不为建家而建家。他们始终秉持企业不发展、工会难维权，企业不兴旺、职工没希望的理念，践行让职工当主角、把职工当亲人的承诺，集团上下达成了建家就是建企业、建家就是建队伍的强烈共识，充分发挥“四大载体”，建设党政认可、职工信赖、名副其实的职工之家。

办好“大学校”，把家建在会员群众成长成才的渴望处。投资上亿元建设“大学校”，依托峰峰集团国家级中澳煤矿安全培训示范中心，建立了现代化的3D模拟实验教室、井下实物培训基地、井下实时监控模拟中心、大型多功能计算机培训教室，坚持常态化针对性学习培训不间断，每年投入职工教育培训经费2300多万元。

搭设“建功台”，把家建在会员群众争当主

力军建功高质量发展的关键处。建家就是建队伍。以落实《新时期产业工人队伍建设改革方案》为契机，大力弘扬劳模精神、劳动精神、工匠精神，广泛、深入、持久地开展劳动和技能竞赛，以解决生产实际问题为核心，推行“人人练、岗岗比、层层赛”，赛前抓动员、赛中抓鼓劲、节点抓督导、长年不断线、季季有高潮，形成全方位、多层次、宽领域、广覆盖的格局。每年一个竞赛主题，每年一届技能大赛，每年一次职工创新成果发布，成立“草根创新创效基金”，开设网上职工经济技术成果展厅，使得广大职工成长有通道、发展有空间。评选工匠榜样，讲好工匠故事，打造工匠标杆，营造劳动光荣的社会风尚和精益求精的敬业风气。

铺就“维权路”，把家建在会员群众当家做主人的关切处。坚持和完善职工代表大会制度，凡涉及职工切身利益和合法权益的企业“三重一大”事项，全部提交职代会讨论审议。每年定期就劳动报酬、劳动安全和女职工特殊保护等职工关心关切的权益事项开展集体协商，依法签订集体合同和专项协议。深化厂务公开民主管理，创新民主恳谈会、仲裁小法庭、职工议政会等特色民主管理实践活动。特别是在推进落实国家“三去一降一补”改革政策中，积极参与企业《化解过剩产能引导退出方案》和《职工分流安置方案》的制定与修改，确保了两对矿井 8998 名职工平稳分流安置，有效维护了职工合法权益。作为全国唯一一家国企代表，参加了全国纪念厂务公开 20 周年座谈会，并作典型发言。

构筑“幸福家”，把家建在会员群众对美好生活的期盼处。坚持春送吉祥、夏送清凉、金秋助学、冬送温暖，五年脱困解困计划有序推进。筹集 880 万元创立“爱心帮扶基金”和“家”基金实施帮扶救助，投身脱贫攻坚战“三色档案”精准识别，“一包到底”压实责任，解困脱困落地做实。近 10 年来，通过安置就业、转岗培训再就业、困难帮扶救助等，使 18974 户困难职工实现脱贫，占困难职工总数的 98.8%。在离职工最近的地方先后建立 29 个服务职工工作站，35 个“娘家人工作室”，组建 367 支贴心人服务队，通过“十到家”、“十送”、“十个帮你办”、“十个到一线”等举措，开展一线送平安、庆功送奖品、住院送慰问、生日给祝福、退休留纪念等活动，使会员群众的获得感和幸福感得到明显提升。

航天一院工会始终紧紧围绕载人航天、“嫦娥奔月”等国家重大专项工程开展劳动竞赛，坚持与重大工程、提质增效、技术攻关、技术创新和提高技能相结合，开展了许多具有航天特色的技术比武、岗位练兵等活动。职工的创造潜能和创新活力竞相迸发，一个个技术难关被攻克，一个个生产瓶颈被破解，一项项创新成果振奋人心。

航天一院工会引领全院 1865 个班组在争创神箭奖牌活动中建功立业。几年来，共评选出神箭金、银、铜奖牌班组 661 个。全国首个以院士命名的“余梦伦班组”是品牌班组。工会组成工作小组，一次次到余梦伦班组调研采访，总结推广了三段助推育人法、三步跨越创新法，使“强国之需，我辈使命”的价值观深深扎根于全院班组之中。

“自力更生、艰苦奋斗，大力协同、无私奉献，严谨务实、勇于攀登”的航天精神，是我国航天事业不断发展的动力源泉，是中国航天事业之魂。在新形势下，不仅不能丢，还要进一步传承接续、发扬光大。工会通过举行出征仪式、升旗仪式、院庆活动等，大力弘扬航天精神，激励广大职工用青春、智慧甚至是生命去捍卫荣誉、报效祖国。

工会不应只提供增强职工民主素质的“训练场”，还应为职工技术素质提升搭建“登天云梯”。从航天工程对“三高”人才需求的实际出发，工会建立了职工职业技能培训制度，投资近亿元建成长征学院，设立最高奖——“长征奖”，从而加大了对青年科技干部、学术带头人和一线技能人才的培养力度。“高凤林班组”16 名成员中有 5 名是全国技术能手，他本人荣获“中华技能大奖”、“全国技术能手”等称号，奏响了“劳动光荣、知识崇高、人才宝贵、创造伟大”的时代强音。

生产发射火箭是高风险、高科技、高投入项目，确保绝对安全、确保万无一失是重中之重。为了给职工营造一个温暖的大家庭，让他们没有顾虑地冲锋陷阵，航天一院工会开展了多种形式的关爱职工行动，努力为职工减轻压力、增添动力、激发活力。

航天一院工会建立了全院两级帮扶体制，将职工心理疏导纳入帮扶内容，引导职工调节紧张情绪。基地的试验队员通常驻守在荒无人烟的戈壁、酷暑难耐的大漠、天寒地冻的高原，有时几个月也难以回家。为解除队员的后顾之忧，工会为每位队员亲属发放了“爱心卡”，工会工作人员作为爱心联络人 24 小时固守后方。队员家里有困难第一个电话就会打给工会，工会干部在第一时间赶赴队员家中，帮助解决问题。

航天一院工会还发明了“上班看脸色、工作看劲头、吃饭看食欲”关爱职工“三看”工作法，时刻掌握职工的思想动态。高强密度发射期间，许多一线职工处于“非常 6+1”、“天天白+黑”的工作状态，职工家属难免发牢骚。如何让职工家属明白航天人所肩负的使命、所从事的工作，从而更加了解航天、支持航天，工会组织职工家属参观工作现场。就这样，职工和家属的心贴得更近了，职工和企业的心贴得更近了，职工和祖国的心贴得更近了。

上海汽车集团股份有限公司工会始终坚持“促进企业发展、维护职工权益”的工作原则，以创建学习型、服务型、创新型工会组织为路径，引领职工始终站在企业改革发展的最前沿，2013年被评为全国企业工会工作“十面红旗”。

适应时代发展要求，建设学习型工会。“我终于拿到高级工证书了！”2013年底，在上汽工会举行的高技能人才表彰暨颁证大会上，当机修工小王接过鲜红的高级工证书时，难抑内心的激动。

小王原本学历不高，从事机修工作多年，对个人发展前途没有抱太多的奢望。后来，在工会组织的积极引导下，他通过培训，刻苦钻研维修技术，主动参加工会组织的技能比武，努力向高级工目标攀登。如今，他终于如愿以偿。

上汽工会以“造车育人”的远景目标凝聚职工共识，大力开展学习型工会创建活动，积极搭建劳模创新工作平台，组织实施班组“十、百、千、万”培训计划。完善“培训、练兵、比武、晋级”工作机制，构建人才成长“快速通道”，引导职工岗位成才。

围绕快乐工作目标，建设服务型工会。“谢谢大家对我的关爱！我会继续坚持下去的。祝大家平安幸福!”这是联合汽车电子有限公司一位罹患渐冻症的员工怀着感激之情发给上汽工会的一封邮件。

3年来，上汽工会不仅全额负担该员工的所有医疗费用，还在该员工所在的下属工会建立了关爱团队，每月上门交流沟通，进行精神疏导，传达公司和工会对他的关怀。其实，在上汽企业，类似的生动故事不胜枚举。

上汽工会坚持“以人为本”的理念，把竭诚为职工群众服务作为一切工作的出发点和落脚点，知实情、办实事、求实效，全心全意做职工的“娘家人”。为帮扶困难职工和特殊群体，上汽工会建立了集团、二级企业、分厂和车间四级帮扶网络，及时对各类因病、因学、因灾等致贫的困难职工实施困难补助、求学资助、医疗救助、就业帮助、法律援助等。上汽工会人坚持走进基层、走进班组，通过开展一线职工座谈会、设立职工意见箱、开设心理援助热线、开辟心理疏导室等方式，了解职工所思所想。同时，通过建立工会积极分子队伍，培养活跃在一线的服务职工骨干队伍，架起了与职工之间的“连心桥”。

紧跟企业发展变化，建设创新型工会。一天，上海大众发动机厂机加工车间的一台高级数控加工中心因发生故障而停产，经维修人员检查发现，是一根进口的电主轴烧坏了。如果送到国外抢修，不仅维修费用高，而且修理时间长，严重影响生产。情急之下，全国劳模徐小平主动请缨。几天后，徐小平修复了电主轴，加工中心顺利运转，车间领导解开了眉锁。

以徐小平创新工作室为标杆，上汽工会积极创建劳模和首席技师创新工作室，围绕“树立一个、带动一批、影响一代”的目标，通过提供资金、场地、创新机制等全方位的支持，把“劳模创新工作室”建设成为展现和提升创新能力的“阵地”，引领和集聚创新人才的“基地”，传承和发扬劳模精神的“园地”。

上汽工会还通过组织开展“经营者”管理活动，把充分尊重职工群众对企业经营管理的知情权、参与权和监督权有机结合起来，建立了2500多个“经营体”，有六万余名职工成为“经营者”，调动了职工的创新活力。

在企业发展的不同阶段，上汽工会始终坚持与时俱进理念，不断研究新情况、探索新方法、解决新问题，让职工群众时刻感受到职工之家不变的温馨本色。

全面深化阶段，建设职工之家活动中涌现出一大批优秀工会干部，他们是时代的杰出代表，是工会干部中的先进模范，是职工群众真正信赖的“娘家人”。

周洪成，中国石化集团胜利石油管理局工会副主席，2011 年被评为全国优秀工会工作者标兵。他吃苦耐劳，甘于奉献，忠实履行维权职责，热心服务职工群众，业绩突出，得到各方面的一致好评。

他心系油田一线职工，努力争当职工群众合法权益的维护者。胜利油田一线职工环境艰苦，劳动强度大，具有以油为业、以企为家的高尚情操。他首先把目光聚焦在油田特殊困难群体上，时刻把困难职工的冷暖挂在心坎上，不论严寒酷暑，他都深入困难职工家中，嘘寒问暖，带领近千名油田专职工会干部“一对一”承包式帮扶特困家庭。

针对油田特殊利益群体的不同诉求，他跟同事努力推动组建起了山东第一家企业内部的困难群体帮扶中心，并积极完善帮扶体系，率先在胜利油田建立了针对困难群体的“五道保障线”。

他注重把维权的重点放在提高职工素质、为一线职工成才架设“绿色通道”上，大力提倡创建职工技术创新工作室。“咱们工人有技术才能更有力量、有创新才能更有价值、有作为才能更有地位”的理念，在胜利油田技术创新的沃土上深深扎根。

他积极探索工会工作创新，努力争当中国产业工人精神家园的坚守者。为及时掌握基层职工所思所想，有针对性地进行维权，他在调查研究方式上大搞创新，广泛征集油田生产经营、职工诉求等方面的意见，经梳理后提交油田党政领导研究，逐步予以解决。在日常工作中，他倾注心血，大力开展文化活动，为铸造胜利石油文化多作贡献。

他还直接参与和组织了陈景世、代旭升等先进典型的选树工作，大量上报的劳模事迹典型材料是由他执笔完成的。为了挖掘及培养生产一线先进典型，他坚持深入艰苦的生产一线，有时一住就是几十天。他连续多年在生产一线同坚持生产的石油工人共度新春佳节，受到钻井工人的一致好评。

他辛勤笔耕为工人兄弟写作，努力争当先进文化的传播者。他以饱满的热情和强烈的责任感，弘扬中国产业工人的时代精神，进行了大量的采访和艰苦的写作，创作出长篇专著《共和国之血》，在全国第一次以文学作品形式，全景式展现了共和国石油工业五十年发展的辉煌历程，被《中国作家》杂志作为向国庆献礼的作品，以整整一期的篇幅隆重推出。难能可贵的是，他数十年如一日，坚持为石油工人兄弟写作，饱含激情地讴歌了中国石油产业大军历经艰辛取得的波澜壮阔的辉煌业绩！

刘双，辽宁盘锦市长途汽车客运公司工会主席，2013 年被评为全国优秀工会工作者“十大标兵”。20 多年来，他用微薄的收入收养了 20 个贫困家庭的孩子。刘双不仅对这些孩子关怀备至，作为公司工会主席，他发扬“妈妈心、婆婆嘴，闲不住的两条腿”精神，对公司的几百名职工关心入微，是20个孩子的“好父亲”，也是职工们的好兄弟、“好三哥”。

2006年“五一”国际劳动节过后的一天，盘锦市长途汽车客运公司的49名会员代表要选举公司的工会主席，刘双并没有参选，但49名会员代表竟然有47票投给了刘双。为了回报会员的信任，刘双将全部精力和热情投入职工身上。他到任的第一件事，就是把公司所有困难职工的情况摸一遍，牢记在心里。2009年，职工张龙的老父亲，还有女职工王艳春都患了尿毒症，高昂的透析治疗费用，使本来生活就不宽裕的两个家庭雪上加霜。刘双四处奔波，多方协调，发起“爱心救助”行动，发动职工捐款，还为他们办理了特困救助，解决了两家的燃眉之急。公司的一些退休老职工居住在棚户区，到了雨季，他都要去看看房子是不是漏雨了；到了冬季，就要去看看各家各户是否准备好了过冬的煤。对行动困难的老职工，他就把煤和蔬菜送到他们家里。现在单位同事甚至公司总经理很少称呼刘双的职务，都喊他“三哥”。一声声“三哥”，流露的是职工们对刘双的亲近，职工从心里认同了他这个来自工会的“娘家人”。

当工会主席不是一件容易的事情，服务职工、维护职工合法权益，不仅要敢于坚持原则、主持公道，更要熟练运用相关政策法规，掌握科学的维权方法。刘双上任之初，首先抓的是源头维权，在讨论决定有关企业的大政方针、承包经营方案、调资方案和分配方案时，坚持事前参与。职工的权益得到了有效维护，各种矛盾得到了化解，由以前的成百人到市政府集体上访，到近六年没有一例上访事件，职工心气顺了，队伍更稳定、更和谐了，公司呈现出前所未有的良好发展态势，职工的收入也连年增加。

为了适应激烈的市场竞争，工会配合行政部门制定了学习培训制度，组织员工学习礼仪知识、创建文明服务窗口、开展文明服务活动，使员工队伍面貌焕然一新。2012 年 4 月，公司决定扩大经营业务，成立出租车公司。这个新项目需要一大笔资金，公司资金缺口较大。工会马上向职工进行宣传、动员，号召职工为企业发展献一份力量。“工会号召的事情，我们全力支持。”为了支持企业，有人甚至牺牲利息，将定期存款取了出来。原定向每个职工借款 2 万元，可到了交款时，一些职工甚至拿出了 10 万多元。一周时间里，企业筹集到 500 万元。大家心往一处想，劲往一处使，使企业进入良性发展轨道。

20 多年来，在干好本职工作的同时，刘双凭着一份良知和责任，从 1990 年开始，先后收留了 20 个特殊家庭的孩子，还资助了全国各地的 100 多名贫困学生。有道是“半大小子，吃穷老子”。刘双收养孩子最多的时候，每天做饭、做菜都得用大锅、大盆。孩子都是长身体的年龄，特别能吃，一袋米几天就见底，吃菜更是个大问题。他的工资不多，买米买菜的钱都是算计来算计去。有一阵子，他只好下班吃完饭就去摆地摊，在夜市卖小货赚钱来补贴家用。他还承包了一个公共厕所，由老父亲帮助管理，每月也能增加几百元的收入。有时候还是不够，他就向亲戚朋友求助。在刘双先进事迹的感召下，越来越多的好人都加入了“刘双志愿者团队”，成为盘锦社会救助工作的一道亮丽风景。

章杰，襄阳市总工会副主席，2013 年被评为全国优秀工会工作者“十大标兵”。他始终坚持职工为本、实干为基、创新为魂的工作理念，善思善谋、善作善为，以对党的工运事业的一片忠诚、对职工群众的一腔热情，谱写了一曲曲大爱之歌，创造了骄人的成绩。几年来，他把职工的难事一一记下，整整写下了 13 本民情日记，并努力帮助解决。他提出了以创新“智库”建设为载体，加大“自选动作”推进力度，对列入智库的 50 多个项目制定详细路线图，已成功打造了几十项特色品牌。

“真没想到，一句不经意的话，竟引起章主席的重视，他不仅帮我家解决了救助资金，还为我儿子联系了一份工作。”家住湖北襄阳市襄城区民主路社区的 51 岁下岗职工刘雪梅，谈起市总工会党组书记、常务副主席章杰，这样由衷地表达感谢。

那是 2010 年 5 月，刘雪梅是章杰上任后慰问的第一家困难职工。章杰至今记得，当时刘家一套只有 40 平方米的小房子里，挤住着一家三口和年迈的老人，做饭在楼道、卫生间公用。刘雪梅的丈夫因车祸下肢残疾，儿子也意外受伤后在家待业，全家仅靠每月千元左右的退休金和低保费生活。

“希望工会能帮我一把，帮忙给儿子找个事做。”面对刘雪梅的家庭情况和诉求，章杰习惯性地掏出随身携带的日记本，一一记下。“解决实际问题后，每办成一件事，就在后面打一个钩，办不成打个叉，最后无论如何要把叉变成钩。”在工会副主席的岗位上工作 3 年，章杰写了 13 本厚厚的民情日记。

“要把职工当成自己的亲人，职工的小事，就是我们的大事，必须一件件一桩桩做细、做实。”这是常挂在章杰嘴边的一句话。

在章杰看来，只有把服务阵地建到职工身边，才能筑牢服务职工群众的“连心桥”。为构建服务职工的长效机制，除长期跟踪关注困难户外，章杰还推动建成 8 家地方工会职工服务中心和 642 个镇（街)、企业、社区职工服务站(点)，为职工提供“一站式”服务，形成了“十分钟服务圈”。近年来，全市工会先后筹资近 2000 万元，帮扶困难职工 2 万多人次，免费培训职工 1 万多人次，促进 9200 人就业。

章杰还提出将经济工作项目化的方法引入服务职工工作中，以创新智库建设为引领，探索了“一站四化”社区职工服务模式，组建了百名律师服务团，建立了劳动争议诉调裁对接机制和流动仲裁派出庭，为职工提供快捷、方便、高效的一揽子法律服务。

通过不断学习，找到解决现实问题的办法。章杰每天至少抽出 1 个小时时间读书学习，三年多来，他撰写调研文章 11 篇，由他倡导建立的“日学一小时、周读一夜校、月讲一堂课、季度一评比、半年一考核”工作机制，明显提升了襄阳工会干部的工作能力。

王延花，中国中车戚墅堰机车有限公司工会副主席，2015 年被评为全国优秀工会工作者标兵。

王延花是“高级管理专家”，她持有高级职业经理人资质证书，是原中国南车 10 多万名职工中 4 名首席管理专家中唯一的党群干部。王延花说，服务职工，服务企业，需要有热情，还要有真本领，真本领离不开丰富的知识。王延花从未停止过学习的步伐，原本只有中专文凭的她，在取得经济管理专科、涉外经济本科文凭，完成MBA课程后，又自学了60多门课程，并学以致用，把学到的理论充分运用到工会工作中。

王延花是“企业法律专家”，她持有国家企业法律顾问职业资格证书，积极为职工维权、为企业争光，不仅善于依法维护职工权益，更是帮助企业赢得了“尊重”。2011年，她刚刚接手公司总法律顾问，就遇到了一起棘手的涉外知识产权诉讼案。在短短的应诉答辩期限内，她夜以继日，凭借较高的专业素养，发挥了团队合力和集团品牌效应，在运用法律武器的同时，巧妙运用心理战术技巧，最终使原告无条件撤诉并成为公司的潜在客户。

王延花是“群众工作专家”，她是江苏省首批4名“最美基层干部”中唯一的工会干部，她创新实施的35项工会工作成果，大大提升了工会工作科学化水平，成为众多企业的模板。

王延花是“心理咨询专家”，她持国家二级心理咨询师证书，以其领导艺术和人格魅力，赢得了各级领导的高度评价和广大职工的充分信赖。王延花不仅关心职工飞得高不高，更关心职工飞得累不累。她创建的35支工会服务队成为帮助职工排忧解难的“110”。她在行业内首创了“职工心灵家园”，作为首席心理辅导员和心理督导师，她为职工成功化解心结657人次，帮助113人摆脱心理障碍，还成功挽救了2名几欲轻生的职工，成为远近闻名的心理咨询专家。

王延花，职工心目中最美的“花”。在工会工作这个大舞台上，她用知识开阔视野，用创新撑起了事业的高度，用服务传递着组织的热度，在职工心中播下了幸福向上的种子，奏响了新时期工会干部服务企业、服务职工的时代最强音。

加强基层工会建设，增强基层工会活力，把工会建设成为学习型、服务型、创新型、深受广大职工群众信赖的职工之家，是党的重托，是职工群众的热切期望，职工之家建设业已走过了40年的风雨历程。

40年来，全国各级工会紧紧围绕党和国家工作大局以及工会工作全局，始终坚定不移走中国特色社会主义工会发展道路，坚持发展党执政兴国的第一要务，有效地促进了企事业单位中心任务的完成，基层工会的作用得到了更加有效的发挥。

40 年来，全国各级工会紧紧围绕实现基层工会群众化、法治化、制度化，切实保障职工群众的民主政治权利、劳动经济权益和精神文化需求，坚持把为职工群众办好事、做实事、解难事作为工会工作的出发点和落脚点，尽心竭力为职工群众排忧解难，密切了党与职工群众、工会与职工群众的联系。

40 年来，通过建立健全各项工作制度、组织制度、民主制度，基层工会活力不断增强，工会工作整体水平不断提高，深受各级党政的肯定、职工群众的认可和工会干部的称赞。

新征程上，加强职工之家建设，我们要坚持不懈用习近平新时代中国特色社会主义思想凝心铸魂，把坚持党的全面领导作为最高政治原则，落实到工会工作全过程各方面。坚持守正创新，紧跟时代步伐、顺应实践发展，充分运用网络化手段、数字化工具，不断破解制约职工之家建设的难题和障碍，以改革创新精神打开党的工运事业发展新天地。坚持依法依规，自觉运用法治思维和法治方式开展工作，不断提高工会组织和工会工作法治化水平；坚持问题导向，针对工会组织和工会工作中存在的突出问题，采取有力改革举措切实解决问题，推动工会组织高质量建设和工会工作高质量发展。

只要我们风雨同舟，不懈前行，工会组织终将是职工群众最可信赖的职工之家，工会干部也会成为职工群众最亲近、最贴心的“娘家人”。

职工之家建设，永远在路上……

大事记

1984 年

5 月 1 日　全国总工会作出《关于整顿工会基层组织，开展建设职工之家活动的决定》，要用三年左右的时间，有计划、有步骤地对全国 40 多万个基层工会普遍进行一次整顿，把工会组织逐步建设成为名副其实的职工之家。

1988 年

10 月 22 日至 28 日　中国工会第十一次全国代表大会在北京召开，表彰了一大批全国模范职工之家、优秀工会工作者和优秀工会积极分子，历时四年的整顿建家活动结束。

1990 年

5 月　全国总工会出台《关于继续深入开展建设职工之家活动的决定》，明确提出要从重点抓工会组织整顿转到增强基层工会活力上来，并与时俱进地明确了建设职工之家的基本要求，第一次提出要二至三年表彰一批全国模范职工之家。

1992 年

全国总工会印发《工会基层组织选举工作暂行条例》和《关于基层工会会员代表大会代表实行常任制的若干暂行规定》，同时推进会务公开、会员评议等工作，切实保障职工群众的知情权、参与权、选举权和监督权，不断调动职工群众参与建设职工之家活动的主动性和积极性。

1995 年

8 月　全国总工会和中国外商投资企业协会联合发出《关于在外商投资企业开展“双爱双评”活动的通知》，正式推动“双爱双评”活动在全国范围的“三资”企业中开展。

1997 年

1 月　全国总工会印发《关于贯彻落实工会工作总体思路，把建设职工之家活动提高到一个新水平的意见》，围绕贯彻落实工会工作总体思路，创新性地对国有企业、集体企业和公有产权占主体地位的公司制企业工会工作提出了6个方面的要求，同时要求外商投资企业、私营企业积极开展以“双爱双评”为主要内容的建设职工之家活动，对乡镇企业、科学、文化、卫生、教育、机关等系统工会提出相应要求。

1月至1998年9月　全国总工会对自1983年以来的全国模范职工之家单位进行了复查验收。

2003年

7月　全国总工会印发《关于在新形势下深入开展建设职工之家活动的意见》，提出了深入开展建设职工之家活动的指导思想、原则、目标和基本要求，建设职工之家活动进入一个新的发展阶段。

2004年

全国工商联和全国总工会联合在民营企业开展了“关爱员工、实现双赢”活动，把“双爱双评”活动拓展到了一个新的领域。

2006 年

7 月　在职工的强烈要求和社会各界推动下，沃尔玛晋江店职工依法成立了在华的第一个工会组织，从而成功破解沃尔玛建会的世界性难题，在国内外产生了重大影响。

2009 年

6 月　全国总工会印发《关于开展会员评议职工之家活动的意见》。会员评家是加强基层工会民主建设的重要内容，是密切工会与会员联系的客观需要，是推进职工之家深入发展的有效机制。

2010 年

5 月　全国总工会印发《关于进一步加强建设职工之家工作 充分发挥基层工会作用的意见》，进一步明确了建设职工之家的基本要求，加大了建设职工之家活动的激励约束力度，并把非公有制企业作为建设职工之家工作的重点。

2011 年

10 月 31 日　全国工会创先争优暨推进工会

组建工作视频会议在京召开，时任全国总工会副主席、书记处第一书记王玉普出席会议并作重要讲话。大庆油田有限责任公司工会委员会等 10 个单位荣获全国企业工会工作红旗单位称号，周贺云等 10 名同志荣获全国优秀工会工作者标兵称号；北京现代汽车有限公司工会委员会等 1011 个单位荣获全国模范职工之家称号，杨宝成等 1032 名同志荣获全国优秀工会工作者称号。

2012 年

全国总工会印发《关于在企业工会实施“工会组织亮牌子、工会主席亮身份”的意见》，在企业工会特别是非公有制企业工会实施“工会组织亮牌子、工会主席亮身份”。

2013 年

8 月　全国总工会再次评出“十面红旗、十大标兵”。

12 月 9 日　纪念党中央作出建设职工之家重要指示 30 周年座谈会在京召开，40 名全国模范职工之家单位工会主席、全国优秀工会工作者齐聚北京，受到了时任中央政治局委员、中华全国总工会主席李建国的亲切接见，时任中华全国总工会副主席、书记处第一书记陈豪主持会议。李建国对多年来基层工会建设和工作取得的成绩给予充分肯定，并对广大基层工会和工会干部提出了明确要求，“整个工会组织要成为职工之家，基层工会更应该成为职工之家，基层工会干部应该成为职工群众最亲最近的‘娘家人’”。

2014 年

7 月　全国总工会印发《关于在新形势下加强基层工会建设的意见》，提出建设“六有”工会。

2015 年

6 月　全国总工会印发《关于在全国基层工会广泛开展“争创模范职工之家、争做职工信赖娘家人”活动的通知》，号召各级工会和广大工会干部深入学习贯彻习近平总书记系列重要讲话特别是在庆祝“五一”国际劳动节暨表彰全国劳动模范和先进工作者大会上的重要讲话精神，紧紧围绕“四个全面”战略布局，按照“三个着力”的要求，通过开展“双争”活动，促进工会组织覆盖面明显扩大，服务职工能力明显提高，工会干部队伍素质明显提升，工会组织吸引力凝聚力战斗力明显增强，推动工会工作再上新台阶，让职工群众真正感受到工会是职工之家，工会干部是最可信赖的“娘家人”。

12月　全国总工会评出30个全国模范职工之家红旗单位和30名全国优秀工会工作者标兵。他们都是基层工会组织和工会干部的先进代表，集中体现了建设职工之家活动的丰硕成果。

2016年

8月　全国工会干部教育培训工作会议在京举行。时任中华全国总工会党组书记、副主席、书记处第一书记李玉赋出席会议并讲话，要求工会干部打开眼界、打开思路、打开胸襟，切实增强职工群众工作本领，不断提高素质和能力，努力把工会干部锤炼成为能够团结带领职工群众听党话、跟党走的“娘家人”，把工会组织建设成为职工群众信赖的“职工之家”。

2019 年

12 月　全国总工会在河北邯郸召开全国模范职工之家现场经验交流会，会议要求各级工会以习近平新时代中国特色社会主义思想为指导，深入学习贯彻习近平总书记关于工人阶级和工会工作的重要论述，紧紧抓住增强政治性、先进性、群众性这一主线，以落实“三个着力”为重点，以法律制度为保障，聚焦主责主业，在加强规范建设、强化思想引领、促进改革发展、落实维权制度、拓展服务载体、开展会员评家等方面着重下功夫，全面提升新时代职工之家建设水平，努力把基层工会建设成为组织健全、维权到位、工作规范、作用明显、职工信赖的名副其实的职工之家。

2020 年

8 月　全国总工会办公厅印发《全国模范职工之家、全国模范职工小家、全国优秀工会工作者评选表彰管理办法》，把全国模范职工之家评选表彰纳入制度化、规范化轨道，不断增强基层工会政治性、先进性、群众性，激发基层工会活力，充分发挥基层工会作用。

图书在版编目（CIP）数据

职工之家 / 张未已编著 . —北京：中国工人出版社，2023.9
ISBN 978-7-5008-8246-6

Ⅰ . ①职…　Ⅱ . ①张…　Ⅲ . ①工会工作 – 概况 – 中国
Ⅳ . ① D412.6

中国国家版本馆 CIP 数据核字（2023）第 151953 号

职工之家

出 版 人　董　宽
责任编辑　赵晨羽　王　璇
责任校对　张　彦
责任印制　栾征宇
出版发行　中国工人出版社
地　　址　北京市东城区鼓楼外大街45号　邮编：100120
网　　址　http://www.wp-china.com
电　　话　（010）62005043（总编室）
（010）62005039（印制管理中心）
（010）62382916（工会与劳动关系分社）
发行热线　（010）82029051　62383056
经　　销　各地书店
印　　刷　北京美图印务有限公司
开　　本　787毫米×1092毫米　1/32
印　　张　5.75
字　　数　83千字
版　　次　2023年10月第1版　2023年10月第1次印刷
定　　价　38.00元
